Christine Merz

Voll in Ordnung – unsere Grundrechte

Grundrechtefibel für Kinder ab 8 Jahren

Landeszentrale
für politische Bildung
Baden-Württemberg

FREIBURG · BASEL · WIEN

Mein herzlicher Dank gilt den Grundschulkindern Julia Barwinski und Jakob Ulbrich, die mitgedacht haben, ganz besonders aber Judith Stürmer, die das Manuskript mehrere Male gelesen und viele gute Ideen für die Geschichten beigesteuert hat.

Christine Merz

Unser herzlicher Dank gilt Silke Braun, Helga Ritter, Dr. Bernd C. Schneider, Christina Stefanou und Uschi Velter für ihren engagierten Einsatz und viele wertvolle Hinweise.

Landeszentrale für politische Bildung Baden-Württemberg

Herausgegeben von der Landeszentrale für politische Bildung Baden-Württemberg
Gefördert durch die Baden-Württemberg Stiftung

Gestaltung und Produktion: GrafikwerkFreiburg
Umschlag- und Innenillustrationen: Hildegard Müller, Ginsheim
Lektorat: Axel Wolber, Waldkirch

Gesamtherstellung: fgb • freiburger graphische betriebe 2011
www.fgb.de

Gedruckt auf umweltfreundlichem, chlorfrei gebleichtem Papier
Printed in Germany

ISBN 978-3-451-30538-2

Inhalt

Grußwort und Vorwort — Seite 6

1. Bildgeschichte
Alma Rabe macht eine Entdeckung. — Seite 8

Einleitung — Seite 10
Hier erfährst du, warum es gut ist,
unsere Grundrechte zu kennen.

Artikel 1 **Menschenwürde** — Seite 16
Hier geht es darum, dass wir jeden Menschen
achten und anerkennen, wie er ist.

Artikel 2 **Persönliche Freiheitsrechte** — Seite 22
Hier geht es darum, dass jeder Mensch sein
Leben frei gestalten kann, gleichzeitig aber
anderen ihre Freiheit lassen muss.

Artikel 3 **Gleichheit vor dem Gesetz** — Seite 28
Hier geht es darum, dass alle gleich behandelt
werden und niemand benachteiligt oder
bevorzugt wird.

Artikel 4 **Glaubens- und Gewissensfreiheit** — Seite 34
Hier geht es darum, dass sich jeder zu seinem
Glauben bekennen darf und deswegen keine
Vorteile oder Nachteile hat.

Artikel 5 **Freiheit der Meinung, Kunst
und Wissenschaft** — Seite 38
Hier geht es darum, dass jeder seine Meinung
sagen darf und Informationen überall verbreitet
werden dürfen.

Artikel 6 **Ehe – Familie – Kinder** — Seite 42
Hier geht es darum, dass Ehe und Familie einen
besonderen Schutz in der Gesellschaft genießen.

Artikel 7   **Schulwesen**   Seite 46
Hier geht es darum, wer regeln darf, was an
unseren Schulen gelernt und gelehrt wird.

Artikel 8   **Versammlungsfreiheit**   Seite 50
Hier geht es darum, dass alle Bürger sich
versammeln können.

Artikel 9   **Vereinigungsfreiheit**   Seite 54
Hier geht es darum, dass wir Vereine
gründen dürfen.

Artikel 10   **Brief-, Post- und Fernmeldegeheimnis**   Seite 58
Hier geht es darum, dass persönliche
Nachrichten nur derjenige öffnen oder
lesen darf, für den sie bestimmt sind.

Artikel 11   **Freizügigkeit**   Seite 62
Hier geht es darum, dass jeder Bürger seinen
Wohnort wechseln und selbst entscheiden
kann, wo er leben will.

Artikel 12   **Berufsfreiheit**   Seite 66
Hier geht es darum, dass wir selbst entscheiden
dürfen, welchen Beruf wir ergreifen und ausüben.

Artikel 13   **Unverletzlichkeit der Wohnung**   Seite 68
Hier geht es darum, dass wir bestimmen dürfen,
wer in unsere Wohnung darf.

Artikel 14   **Eigentum – Erbrecht – Enteignung**   Seite 70
Hier geht es darum, dass Eigentum sein darf.

Artikel 16/16a **Staatsangehörigkeit**   Seite 74
– Auslieferung/Asylrecht
Hier geht es darum, dass einem niemand
die deutsche Staatsangehörigkeit wegnehmen kann.
Außerdem geht es darum, wie wir mit verfolgten
Menschen aus anderen Ländern umgehen.

Artikel 17   **Beschwerderecht**   Seite 78
             Hier geht es darum, dass jeder aktiv
             werden darf, wenn ihm etwas nicht passt.

Artikel 18/19 **Verwirkung – Einschränkung – Rechtsweg**   Seite 82
             Hier geht es darum, wie Grundrechte eingeschränkt
             werden können und was man tun kann, wenn
             der Staat die Rechte der Menschen nicht beachtet.

             2. Bildgeschichte   Seite 84
             Alma Rabe hat eine Idee.

             Kinder haben Rechte – weltweit!   Seite 86
             Die Kinderrechte der Vereinten Nationen

             Was ist Demokratie?   Seite 88
             Ein Gespräch zwischen Alma Rabe und Jago Dachs

             Glossar   Seite 91
             Hier werden einige wichtige Begriffe erklärt.

VOLL IN ORDNUNG

Lehrerhandreichung zur
Grundrechtefibel

Autoren
Erika Braun
Helga Ritter
Bernd C. Schneider
Christiane Stalberg
Joachim Weller

lpb
Landeszentrale
für politische Bildung
Baden-Württemberg

BADEN-
WÜRTTEMBERG
STIFTUNG

Zur „Grundrechtefibel" ist bei der
Landeszentrale für politische Bildung
Baden-Württemberg eine Handreichung
für Lehrkräfte zum Einsatz der Fibel im
Schulunterricht erschienen.

Das Symbol →LHR in der Fibel
verweist auf weitere Informationen und
Materialien in der Lehrerhandreichung.

Grußwort

Das Grundgesetz ist das sichere Fundament unserer Demokratie. Innerhalb unserer Verfassung kommt den Grundrechten eine herausragende Bedeutung zu. Dem obersten Prinzip – der Unantastbarkeit der Menschenwürde – folgend, garantieren die Grundrechte allen Menschen unveräußerliche Freiheits- und Gleichheitsrechte.

Mit dieser Grundrechtefibel können dank Beispielen aus der Lebenswelt von Kindern bereits Grundschülerinnen und Grundschüler die Grundrechte und deren Bedeutung im eigenen Alltag und für die Gesellschaft erkennen und verstehen lernen. Der Grundstein für die Wertschätzung unserer demokratischen Gesellschaftsordnung kann somit schon im Kindesalter gelegt werden. Um die frühzeitige Beschäftigung mit den Grundrechten möglichst vielen Kindern zu ermöglichen, finanziert die Baden-Württemberg Stiftung die Grundrechtefibel für zwei Jahrgänge aller dritten Grundschulklassen in Baden-Württemberg. Eine gleichzeitig dazu erschienene Handreichung für Lehrerinnen und Lehrer ermöglicht die Nutzung der Fibel auch im Schulunterricht.

Unser Dank gilt dem Kultusministerium Baden-Württemberg sowie dem Staatsministerium Baden-Württemberg für die wohlwollende Begleitung und Unterstützung des Vorhabens. Bedanken möchten wir uns auch bei den Sparkassen in Baden-Württemberg, die die Grundrechtefibel mit einer großzügigen Spende unterstützt haben.

Christoph Dahl
Geschäftsführer
Baden-Württemberg Stiftung

Lothar Frick
Direktor
Landeszentrale für politische
Bildung Baden-Württemberg

6

Vorwort für Kinder

Da habt ihr nun die „Grundrechtefibel" in der Hand – und fragt euch vielleicht, was ihr damit anfangen sollt. Sind Grundrechte nicht eine Sache für Erwachsene?

Wir in Deutschland haben mit den „Grundrechten" tatsächlich einen Schatz, um den uns viele andere Länder der Erde beneiden. Sie geben uns den Rahmen für ein friedliches Zusammenleben. Aber das funktioniert natürlich nur, wenn sich möglichst alle an die Rechte und Pflichten halten. Und dazu muss man sie kennen und anerkennen.

In dieser Fibel bekommt ihr die Grundrechte an vielen Beispielen erklärt. Ihr werdet staunen, wie vieles davon mit euch und eurem Alltag in der Schule und Freizeit zu tun hat.

Alma Rabe und Jago Dachs freuen sich, wenn ihr euch mit ihnen schlau macht – und es freut sich auch

Christine Merz
Autorin

Alma Rabe macht eine Entdeckung

In der warmen Mittagssonne sitzt Alma Rabe auf der Mauer vor der alten Fabrik. Sie fliegt oft hierher, um für eine halbe Stunde die Ruhe zu genießen. Alma ist nämlich seit diesem Jahr die Vorsitzende der Rabenversammlung. Und mit ihrer Rabenschar hat sie ganz schön viel um die Ohren!

Raben sind eigentlich friedliche Vögel. Alle zusammen leben beim großen Nussbaum auf dem Maisfeld. Meistens verstehen sie sich prächtig. Aber manchmal gibt es auch Meinungsverschiedenheiten und sogar richtigen Streit.

Als Vorsitzende der Rabenversammlung ist Alma für das friedliche Zusammenleben ihrer Rabenschar verantwortlich. Aber das ist oft gar nicht so einfach: Soll sie sich einmischen, wenn ein Rabe von einem anderen beleidigt wird? Kann sie einige Raben zum Nestbau einteilen, während

die anderen Körner picken dürfen? Darf sie sich bei einem Streit für eine Seite einsetzen? Diese Fragen stellt sie sich immer wieder.

Während Alma ihre Pause genießt, kommt ein kräftiger Windstoß und sie bekommt ein Buch vor die Krallen geweht. „Wo kommt denn das her?", denkt sich Alma. „Und was steht da überhaupt drauf? Grundrechte. Was damit wohl gemeint ist?"

„Am besten bringe ich das Buch zu meinem Freund Jago Dachs, der weiß bestimmt, was es mit den Grundrechten auf sich hat." Alma schnappt sich das Buch mit ihrem spitzen Schnabel und fliegt an den Waldrand. Dort liegt Jago Dachs vor seiner Höhle und döst.

Einleitung

Hier erfährst du, warum es gut ist, unsere Grundrechte zu kennen.

Alle Menschen sind unterschiedlich. Denk nur mal an deine Familie, an deine Freunde oder an deine Schule: Da hat jede und jeder seine eigenen Vorstellungen, Wünsche und Pläne. Das kann das Zusammenleben mit anderen richtig spannend machen – oder ganz schön anstrengend. Stell dir vor, wie es wäre, wenn alle nur das machten, was ihnen am besten gefiele. Alle würden kommen und gehen, wann sie wollten. Manche würden gerne arbeiten gehen, andere jedoch lieber faulenzen, viele würden den ganzen Tag einfach frei nehmen oder spielen. Das klingt vielleicht im ersten Moment ganz toll, aber selbst das Spielen könnte schwierig werden: Wenn es keine Spielregeln gibt, an die sich alle halten, kann es schnell zum Streit kommen.

Damit die unterschiedlichsten Menschen Tag für Tag miteinander leben, arbeiten und spielen können, muss es bestimmte Regeln geben. Einige solcher Regeln kennst du sicher von zuhause. Vielleicht habt ihr sogar in eurer Klasse schon Klassenregeln eingeführt, die dafür sorgen, dass sich im Unterricht alle gegenseitig ausreden lassen oder in den Pausen freundlich miteinander umgehen. Neben den Alltagsregeln, die jede Familie oder Klasse für sich selbst bestimmen kann, gibt es auch Vorschriften, die für alle Menschen gelten. Dazu gehört zum Beispiel, dass man nicht stehlen darf oder dass sich Menschen gegenseitig nichts Böses antun dürfen. Weil diese Regeln für ein friedliches Zusammenleben so wichtig sind, sahen sie die Menschen im Laufe der Zeit als unverzichtbar, das heißt als „gesetzt", an. Daher kommt auch der Name dieser besonderen Regeln: Gesetze.

Alma ist prima, aber immer zusammen in einer Höhle... – Donner, Dachs und Doria, dann bräuchten wir auch einige Regeln!

Im Vergleich zu den Regeln in deiner Familie oder in deiner Klasse können Gesetze nur vom Staat beschlossen werden. Den Begriff „Staat" hast du vielleicht in den Nachrichten schon einmal gehört. Aber was ist das eigentlich genau? Zunächst einmal gehören zum Staat die Menschen, die auf seinem Gebiet (Staatsgebiet) leben. Weil beim Zusammenleben so vieler Menschen sich nicht alle um alles kümmern können und jeder Einzelne nur schwer alles selbst regeln und organisieren kann, gibt es besondere Einrichtungen: In der Schule z. B. werden alle Kinder unterrichtet, dafür sorgt der Staat durch die dafür ausgebildeten Lehrer. Eine Einrichtung des Staates ist auch die Polizei, die für Sicherheit sorgt. Zu unserem Staat gehören der Bundestag und die Regierung in Berlin. Dort wird zum Beispiel entschieden, wo eine Autobahn gebaut werden soll oder wohin unsere Soldaten geschickt werden. Auch die Politiker des Landtages in Stuttgart sind Teil des Staates. Sie beschließen die Gesetze, die für alle Menschen in Baden-Württemberg gelten.

Bei uns, in der Bundesrepublik Deutschland und in Baden-Württemberg, übernimmt der Staat mit der Gesetzgebung eine wichtige Aufgabe für das friedliche Zusammenleben der Menschen. Er darf dabei keine Entscheidungen treffen, die den Menschen schaden. Das ist so, weil unser Staat eine Demokratie ist. In einer Demokratie handelt der Staat immer im Auftrag der Menschen und versucht, das Beste für sie zu erreichen. Wenn die Bürger ihre Vertreter als Politiker wählen, dann erteilen sie durch diese Wahl den Politikern den Regierungsauftrag. Sind die Menschen mit den Entscheidungen des Staates nicht einverstanden, können sie sich wehren, zum Beispiel indem sie einen Politiker bei der nächsten Wahl nicht wieder wählen. Die Demokratie ist allerdings nicht die einzige Staatsform, die es auf der Welt gibt. In manchen Staaten bestimmt ein einziger Herrscher alles, ohne die Menschen vorher zu fragen, was sie eigentlich möchten. Wozu das führt, kannst du dir sicher vorstellen: Oft macht der Alleinherrscher das, was für ihn selbst am besten ist.

In unserer Demokratie ist der Staat im Auftrag der Menschen dafür verantwortlich, die Gesetze zu beschließen. Gesetze betreffen die unterschiedlichsten Lebensbereiche: Sie legen fest, dass alle Kinder in die Schule gehen müssen oder dass wir nicht stehlen dürfen. Sie bestimmen, dass sonntags Feiertag ist oder wie schnell Autos auf der Autobahn fahren dürfen. Sie verbieten das Rauchen in Restaurants oder das Verschmutzen der Umwelt. Sicher fallen dir noch weitere Dinge ein, die laut Gesetz erlaubt oder verboten sind. Der Staat muss dafür sorgen, dass die Gesetze eingehalten werden. Dafür gibt es zum Beispiel die Polizei und die Gerichte, die im Streitfall entscheiden.

In den meisten Gesetzen der Bundesrepublik Deutschland geht es um die Regelung des Zusammenlebens der Menschen miteinander. Weil wir in einer Demokratie leben, ist es aber wichtig, dass es auch ein Gesetz gibt, das das Verhältnis der Menschen zum Staat regelt. Nur so kann sichergestellt werden, dass der Staat sich für das Wohl der Menschen einsetzt und nichts tut, was ihnen schadet. Dieses Gesetz heißt bei uns Grundgesetz. Es ist das wichtigste Gesetz von allen: Weil das Gesetz für den Staat klare Regeln aufstellt und festlegt, was er darf und was nicht, vertrauen die Menschen dem Staat die Regelung ihres Zusammenlebens an.

Das Grundgesetz der Bundesrepublik Deutschland gilt seit 1949. Nach dem Zweiten Weltkrieg, der 1945 endete, wurde der deutsche Staat neu gegründet. Schnell stand fest, dass Deutschland in Zukunft eine Demokratie sein sollte. Wie diese neue Demokratie aussieht und funktioniert, wurde im Grundgesetz aufgeschrieben. Damit nichts unklar bleibt, ist das Grundgesetz ganz schön lang geworden. Um den Überblick nicht zu verlieren, ist es in einzelne Artikel aufgeteilt. Die Artikel kannst du dir als einzelne Kapitel vorstellen, die verschiedene Themen behandeln. Insgesamt hat das Grundgesetz 146 Artikel.

Vielleicht kennst du „der", „die" und „das" als Artikel aus dem Deutschunterricht. Im Grundgesetz bedeutet „Artikel" einfach „Kapitel".

In dieser Grundrechtefibel schauen wir uns aber nur die ersten 19 Artikel an – denn das sind die allerwichtigsten!

Die ersten 19 Artikel des Grundgesetzes enthalten die Grundrechte. Diese legen ganz genau fest, was der Staat im Umgang mit den Menschen darf und was er nicht darf. In den Grundrechten ist zum Beispiel geregelt, dass der Staat alle Menschen gleich behandeln muss und dass jeder seine Meinung frei sagen darf. Was das genau bedeutet und welche Grundrechte es noch gibt, erfährst du in den einzelnen Kapiteln der Grundrechtefibel.

Weißt du überhaupt, was eine Fibel ist? Fibel nennt man ein bebildertes, verständliches Lesebuch mit Geschichten und Erklärungen zu einem bestimmten Thema. Manche Schulanfänger lernen mit einer Fibel lesen und schreiben. Mit der Grundrechtefibel sollst du lernen, die Grundlagen unserer Demokratie zu verstehen und danach zu handeln.

Wenn du meinst, Grundrechte sind langweilig und nur etwas für Erwachsene, dann hast du dich geirrt! Du wirst staunen, wie viel Interessantes du in der Grundrechtefibel entdecken wirst und wo du überall mitmachen kannst, damit die Grundrechte gewahrt bleiben!

Oh, das klingt aber spannend! Können wir uns jetzt alle Grundrechte zusammen anschauen?

Sehr gerne. Aber ein Artikel nach dem anderen – von Nummer 1 bis Nummer 19.

→LHR

Artikel 1
Menschenwürde

Hier geht es darum, dass wir jeden Menschen achten und anerkennen, wie er ist.

Was mich angeht,
so achte ich dich, lieber Jago,
ganz besonders!

Das freut mich,
liebe Alma. Es geht aber
darum, jeden zu achten.

Der macht sich ja noch in die Hosen

Oliver mag Sport nicht und zum Fußballspielen ist er überhaupt nicht zu gebrauchen. Es macht ihm aber auch keinen Spaß, er spielt lieber mit seinem Experimentierkasten. Die anderen Jungen in der Klasse können wenig mit ihm anfangen.
Eines Tages beginnen sie ihn zu hänseln und machen sich über ihn lustig. Oliver verzieht sein Gesicht, aber er wehrt sich nicht. Die Jungen wollen Oliver zu einer Reaktion zwingen und verstecken kurze Zeit später seine Schultasche. Oliver versucht sich nicht zu ärgern.
Das reizt die anderen Jungen noch mehr. Ihnen fallen immer neue Sachen ein, um Oliver zu ärgern oder – besser noch – um ihn zu blamieren. Die „Späße" werden mit der Zeit gemeiner. Nico, der neben Oliver sitzt, zwickt ihn einmal mitten im Unterricht in den Oberschenkel. Alle warten gespannt, ob Oliver aufschreit und Nico verpetzt. Oliver tut ihnen den Gefallen nicht. Er bekommt einen roten Kopf, bleibt aber still.
Dass Oliver so ruhig bleibt, ärgert die anderen Jungen immer mehr. Er geht ihnen so weit wie möglich aus dem Weg. Da passen sie Oliver eines Morgens vor der Schule ab. Drei halten ihn fest und Nico gießt eine Flasche Wasser über Olivers Hose. Die Jungen lassen ihn los und lachen sich kaputt. „Guckt mal. Der macht sich ja noch in die Hosen", johlen sie. „Du solltest besser Windeln anziehen!" – „Sieh doch mal nach, wo sie gerade im Sonderangebot sind!"

• Wie findest du das Verhalten der Jungen?

• Was hättest du getan, wenn du dabei gewesen wärst?

• Hast du schon einmal etwas Ähnliches erlebt?
  Was ist passiert?

→LHR

Das sagt das Grundgesetz zur Menschenwürde

Jeder Mensch hat eine Würde – das heißt, er ist eine einmalige Person. Jeder hat besondere Fähigkeiten und Eigenschaften, Begabungen und Gefühle, auf die er stolz sein kann. Das ist etwas sehr Wertvolles. Darum soll jeder Einzelne in seiner Würde von den anderen Menschen und vom Staat geachtet und geschützt werden.

Das Grundgesetz und die darauf aufbauenden Gesetze stellen sicher, dass die Würde eines Menschen unantastbar ist. Sie darf nicht durch den Staat oder andere Menschen verletzt werden. Eine solche „Verletzung" kann auf vielerlei Weise geschehen. Zuallererst fallen dir vielleicht Schläge ein. Aber auch andere Verletzungen sind gemeint, wenn z. B. einem Menschen etwas weggenommen wird, was ihm wichtig ist, oder wenn er zu etwas gezwungen wird, was er nicht tun will. Leider kannst du dich aber nicht auf das Grundgesetz berufen, wenn du keine Lust auf Hausaufgaben hast …

„Donner, Dachs und Doria, unantastbar gefällt mir! Es heißt: nicht berühren, nicht anfassen, nicht verletzen!"

Andere Verletzungen oder Demütigungen, die wehtun, kennst du sicher aus deinem Alltag. So gehören auch Worte, die man jemandem „an den Kopf wirft", dazu. Wenn jemand beleidigt und lächerlich gemacht wird oder wenn man jemandem zu verstehen gibt, dass er weniger wert ist als man selbst, missachtet man seine Würde. Auch Olivers Würde wurde auf diese Weise verletzt.

Bescheuerte Klamotten

Silja und Katja fahren im Bus nach Hause. Sie bekommen mit, dass ein paar Plätze weiter zwei andere Kinder ein jüngeres Mädchen ärgern: „Wenn ich so bescheuerte Klamotten anhätte wie du, dann würde ich zuhause bleiben!" – „Die Jacke ist sicher von deinem großen Bruder oder aus dem Altkleidersack, so wie die aussieht!" – „Und die Haarspange – ist die von deiner Oma?"
Silja und Katja hören, wie das Mädchen mit Worten „fertiggemacht" wird. Da stehen sie auf und gehen zu den anderen Kindern hin …

• Wie könnte die Geschichte weitergehen?
  Überlege dir ein schlechtes und ein gutes Ende.

• Hast du selbst schon einmal eine ähnliche Situation erlebt?

• Was hat dich in der letzten Zeit besonders verletzt?

Wenn wir mitbekommen, dass jemand in seiner Menschenwürde verletzt wird, können wir etwas dagegen tun. So kannst du zum Beispiel einer Klassenkameradin helfen, die von anderen gehänselt oder geärgert wird. Wer sich mutig einmischt, kann allerdings manchmal Ärger riskieren. Dann ist es wichtig, Hilfe zu holen. Mal angenommen, im Bus wäre es zwischen den Kindern zu einer Rangelei gekommen. Da wäre es klug gewesen, einen Erwachsenen zu rufen. Und so kommt es in vielen Situationen darauf an, die richtige Mischung aus Mut zur Einmischung und Klugheit zum Hilfeholen zu finden.

Die Unantastbarkeit der Menschenwürde ist der wichtigste Artikel unseres Grundgesetzes. Er steht deshalb auch an erster Stelle. Dabei ist ganz wichtig: Nicht nur die Menschen untereinander sollen sich gegenseitig in ihrer Würde achten. Artikel 1 des Grundgesetzes legt fest, dass der Staat an die Menschenwürde gebunden ist. Das heißt: Der Staat muss darauf achten, bei allem, was er tut, die grundlegende Einzigartigkeit eines jeden Menschen nicht zu verletzen. Und so liest sich das in unserem Grundgesetz:

(1) „Die Würde des Menschen ist unantastbar. Sie zu achten und zu schützen ist Verpflichtung aller staatlichen Gewalt."

(Artikel 1 Absatz 1)

Artikel 2
Persönliche Freiheitsrechte

Hier geht es darum, dass jeder Mensch sein Leben frei gestalten kann, gleichzeitig aber anderen ihre Freiheit lassen muss.

> Na, das ist ja ein tolles Recht, Jago. Jeder Rabe macht, was er will. Das Gekrächze und Gezanke will ich nicht hören!

> Klapp deinen Schnabel zu, Alma. Du bist zu schnell. Der zweite Teil des Satzes ist entscheidend!

Schlagzeug 2

Jens will gern Schlagzeug lernen. Dafür muss er viel spielen und üben. Ein Schlagzeug ist aber ziemlich laut. Jens wohnt mit seiner Familie in einem Mehrfamilienhaus, sein Trommeln tönt bis in die Nachbarschaft. Selbst wenn alle ihre Türen und Fenster schließen, hört man die dumpfen Schläge in den anderen Wohnungen. Die Nachbarn finden es einerseits toll, dass Jens ein Hobby hat, das ihm so viel Spaß macht. Andererseits hätten sie auch gerne ihre Ruhe, wenn sie nach einem anstrengenden Tag nach Hause kommen oder am Wochenende ausschlafen möchten …

● Kennst du ähnliche Situationen?

● Überlege dir Lösungsmöglichkeiten für die verschiedenen Situationen.

→LHR

Das sagt das Grundgesetz zu den persönlichen Freiheitsrechten

Jeder Mensch hat das Recht, sein Leben selbst zu gestalten. Jeder soll und darf eigene Wünsche und Vorstellungen haben und sich so entwickeln, wie es seiner Begabung und seiner Persönlichkeit entspricht. Jeder soll so leben können, wie er will. Das gilt allerdings nur, solange er damit anderen Menschen nicht in die Quere kommt. Denn die haben ja das gleiche Recht! Alle müssen darauf achten, dass sie nicht die Freiheit der anderen verletzen. Wenn nun zwei streiten, müssen sie gemeinsam versuchen, eine Lösung zu finden.

Wenn ich mein Mittagsschläfchen halten will und du herumkrähen willst, musst du so lange warten, bis ich wieder aufgewacht bin!

Oder ich flieg weit raus auf die Felder, wo dich mein Gekrächze nicht stört!

Du Niete!

Tim und Kevin sind Nachbarskinder. Sie sind beide neun Jahre alt, aber ganz verschieden. Keine Freunde, aber auch keine Feinde. Meistens lassen sie sich gegenseitig in Ruhe.

Nicht so heute: Tim hat beim Fußballspielen den Ball verstolpert und eines der Kinder hat „Du Niete!" gerufen. Tim denkt, es war Kevin, und knufft ihn in der Umkleidekabine in die Seite. Kevin knufft zurück. Tim knufft wieder, diesmal fester. Kevin zieht ihn auf den Boden der Umkleidekabine. Sie verkeilen sich ineinander und raufen – halb Ernst, halb Spaß. Da – Kevin hat Tim am Ohr erwischt und so kräftig gezogen, dass es richtig wehtut. Jetzt steigt in Tim Wut auf. Richtige Wut. Aus der Rangelei wird eine Schlägerei, in der beide Jungen nicht mehr zimperlich sind. „Endlich was los hier", sagt Robin und gleich sind alle Jungen da und sehen gespannt zu. Wer wird siegen? Kevin ist größer als Tim, aber Tim hat eine riesige

2

Wut. Das macht ihn stark. Er schafft es, Kevin mit dem Rücken auf den Boden zu drücken, setzt sich auf ihn und sagt: „So, und jetzt sagst du dreimal laut, dass es alle hören: Ich bin eine Niete!"

• Was denkst du über Tims Verhalten?

• Hast du schon einmal mitbekommen, wie die Grenze zwischen Spaß und Ernst überschritten wurde? Erzähle.

• Überlege, was du als Beobachter in einer solchen Situation machen könntest, damit sich die Situation wieder entspannt.

• Nimm die Geschichte mit in deine Klasse.

→LHR

Das sagt das Grundgesetz zur Unversehrtheit

Und noch etwas ist besonders wichtig: Niemand hat das Recht, einer anderen Person wehzutun oder ihr das Leben zu nehmen. Kein Mensch darf einem anderen Menschen körperlich schaden. Und das betrifft auch Kinder! Erwachsenen in Deutschland ist es gesetzlich verboten, Kinder zu schlagen oder ihnen anderweitig wehzutun. Das gilt natürlich auch für die eigenen Eltern!

„Unversehrtheit – das Wort hört sich schwer an, ist aber einfach: Wer körperlich unversehrt ist, ist nirgendwo verletzt, sondern rundum in Ordnung!"

Was für die Menschen untereinander in verschiedenen Gesetzen geregelt ist, muss auch unser Staat beachten. So steht es in Artikel 2 des Grundgesetzes. In Deutschland darf die Polizei zum Beispiel niemanden grundlos in ein Gefängnis werfen und diese Person so ihrer Freiheit berauben. Genauso wenig darf der Staat in die persönliche Freiheit und Entwicklung einer Person eingreifen. Absatz 1 und 2 von Artikel 2 des Grundgesetzes formulieren das so:

> (1) „Jeder hat das Recht auf die freie Entfaltung seiner Persönlichkeit, soweit er nicht die Rechte anderer verletzt [...]."
> (2) „Jeder hat das Recht auf Leben und körperliche Unversehrtheit. [...]"
>
> (Artikel 2)

2

Wenn jeder die Freiheit der anderen so ernst nehmen würde wie seine eigene – was wäre die Welt dann friedlich!

Artikel 3
Gleichheit vor dem Gesetz

Hier geht es darum, dass alle gleich behandelt werden und niemand benachteiligt oder bevorzugt wird.

Zu schnell gefahren

Sascha Bullak ist auf dem Heimweg vom Handballtraining. Er ist gut gelaunt. Das Training ist gut gelaufen. Bestimmt können sie am Sonntag den wichtigen Punkt für den Aufstieg in die Oberliga holen. Sascha pfeift vor sich hin und drückt aufs Gaspedal. Er saust die Hauptstraße entlang – und … in diesem Augenblick blitzt es. Eine Radarfalle hat den schnellen Sascha erwischt.

3

Ein paar Meter weiter steht die Polizei. „Ey, stark – Sascha Bullak, unser erster Mann im Handball!", begrüßt ihn einer der beiden Polizisten. „Wie sieht es aus mit Sonntag? Gewinnen wir?" Sascha grinst und nickt. Der andere Polizist sieht ihn ernst an: „25 Stundenkilometer zu schnell! Das wird teuer, Herr Bullak!" „Können Sie nicht mal ein Auge zudrücken?", fragt Sascha vorsichtig. „Na ja", murmelt der eine Polizist leise, „wo am Sonntag das wichtige Spiel ist." Doch der andere schüttelt den Kopf: „Schon mal was von Gleichheit vor dem Gesetz gehört?", fragt er. Sascha Bullak nickt und sucht nach seinem Ausweis: „Klar, alle Menschen sind vor dem Gesetz gleich und es wäre nicht gerecht, wenn Sie bei mir eine Ausnahme machen würden!"

Das sagt das Grundgesetz zur Gleichheit vor dem Gesetz

Ob arm oder reich, alt oder jung, berühmt oder unbekannt – alle Menschen sind vor dem Gesetz gleich. Gleichheit bedeutet hier allerdings nicht, dass alle Menschen immer das Gleiche haben oder tun müssen – im Gegenteil. Unser Grundgesetz möchte sicherstellen, dass der Staat allen die gleichen Chancen ermöglicht, im Leben das zu erreichen, was sie selbst möchten. Und diese Wünsche können bei den einzelnen Menschen ganz unterschiedlich sein.

Wenn alle Menschen die gleichen Chancen haben, ihre Ziele zu erreichen, empfinden wir das als gerecht. Leider geht es in der Welt nicht immer gerecht zu. Das weißt du selbst. Überlege:

• **Wann hast du dich schon einmal ungerecht behandelt gefühlt?**

- Warst du auch schon einmal ungerecht zu jemand anderem? Was ist passiert?

- Überlege, was man tun kann, um möglichst gerecht miteinander umzugehen.

Puppen und Traktoren

Nico ist fünf Jahre alt. Er spielt mit Autos und baut mit seinen Freunden im Kindergarten Riesentürme. Er sitzt mit ihnen auf Kletterbäumen und interessiert sich für Eisenbahnen und Traktoren. Einmal in der Woche geht er zum Judo. Nico spielt aber auch gern mit seiner großen Schwester. Die hat gute Ideen. Sie verkleiden sich und spielen Zirkus. Sie verwandeln das Esszimmer in ein Café und spielen Kellnern. Sie fliegen mit dem Puppen-Wohnmobil und der Zauber-Puppe auf den Mond. Das macht Nico auch Spaß. Aber das will Nico keinem erzählen. Die anderen Jungen könnten ihn vielleicht auslachen ...

- Was könnten die anderen Jungen sagen?

- Welche Dinge tust du gerne und was würdest du gerne einmal ausprobieren?

- Kennst du jemanden, der sich „anders als alle" benimmt? Gehen die anderen deswegen auch anders mit ihm um?

- Warum finden wir Unterschiedlichkeit manchmal toll und manchmal komisch?

→LHR

30

Das sagt das Grundgesetz zur Gleichberechtigung

3

Gleichberechtigung – dieses Wort hast du bestimmt schon einmal gehört. Gleichberechtigung bedeutet, dass niemand wegen seines Geschlechtes, das heißt: weil er ein Mann oder eine Frau ist, benachteiligt werden darf. Daran muss sich auch der Staat halten. Es ist wichtig, dass alle ausprobieren dürfen, was in ihnen steckt – egal ob Junge oder Mädchen, ob Mann oder Frau. Artikel 3 sagt es ganz einfach: Männer und Frauen sind gleichberechtigt!

Wer nimmt Maren mit?

Die Kinder der Klassen 3a und 3b haben Rucksäcke auf und Wanderschuhe an. Sie versammeln sich schwatzend und lärmend auf dem Schulhof. Gleich geht ihr Ausflug los. An verschiedenen Ausgangspunkten des Stadtparks werden sie starten und sich gegen Mittag an einem Grillplatz zum Würstchenbraten und Spielen treffen. Doch zuerst müssen sie herausfinden, welchen Weg sie gehen müssen. Jede Gruppe bekommt einen Umschlag mit kleinen Aufgaben. Die Lösungen der Aufgaben ergeben den Weg zur nächsten Station. Jede Gruppe muss also gut zusammenarbeiten, damit sie schnell von Station zu Station weiterkommt. Die Kinder sind aufgeregt. So ein Wettbewerb macht Spaß. „Es kommt aber nicht nur auf das Tempo und die schnellen Füße an", sagt Frau Moser, die Klassenlehrerin. „Ihr müsst genau lesen, die Aufgaben richtig verstehen und sie dann auch lösen können!"

Josy, Milena, Ayshe und Sara wollen zusammen gehen. Da kommt Maren im Rollstuhl angefahren. „Kann ich mit euch mit?", fragt sie. Josy antwortet: „Äääähm – wir sind schon vier! Guck doch woanders!" Maren kennt sich gut aus mit ihrem Rollstuhl.

Blitzschnell dreht sie um und rollt zu Amelie und Emma, die eben zusammen auf den Schulhof kommen. „Sollen wir zusammen gehen?", fragt sie. Amelie nickt freundlich: „Ja, klar." Aber Emma meint: „Obwohl, das ist für uns nicht fair. Wenn du im Wald mit dem Rollstuhl nicht fahren kannst, dann verlieren wir auf jeden Fall!" Amelie überlegt. „Aber eine Gruppe muss sie ja mitnehmen", sagt sie dann, „sonst ist das für Maren nicht fair!"

- Was meinst du, wie entscheiden sich die Kinder?

- Was fändest du eine gutes Ende, was ein schlechtes Ende der Geschichte?

- Überlege dir, wo Maren mit ihrem Rollstuhl in deiner Umgebung Probleme hätte.

→LHR

Das sagt das Grundgesetz zur Benachteiligung

Menschen können von anderen aus den unterschiedlichsten Gründen ungerecht behandelt werden: weil sie eine andere Sprache sprechen, weil sie eine andere Hautfarbe haben oder weil sie an einen anderen Gott glauben. Sicher hast du das auch schon einmal erlebt. Wenn wir mitbekommen, dass jemand ungerecht behandelt wird, können wir uns für Gerechtigkeit einsetzen. Denn: Jeder Mensch ist etwas Besonderes und gleich viel wert wie andere. Ein Mensch soll bei uns keine Nachteile oder Vorteile haben, egal woher er kommt, wie er aussieht, welches Geschlecht er hat oder welcher Religion er angehört.

Auch der Staat muss sich bei allem, was er tut, am Gleichheitsgrundsatz des Grundgesetzes orientieren. Daher kann man sich, wenn man sich durch den Staat benachteiligt fühlt, beschweren. Und so stehen die drei Absätze von Artikel 3 im Grundgesetz:

3

> (1) „Alle Menschen sind vor dem Gesetz gleich."
> (2) „Männer und Frauen sind gleichberechtigt. […]"
> (3) „Niemand darf wegen seines Geschlechtes, seiner Abstammung, seiner Rasse, seiner Sprache, seiner Heimat und Herkunft, seines Glaubens, seiner religiösen oder politischen Anschauungen benachteiligt oder bevorzugt werden. Niemand darf wegen seiner Behinderung benachteiligt werden."
>
> (Artikel 3)

Auch die Menschen sind alle unterschiedlich. Und das macht das Zusammenleben ja gerade spannend!

Wir Raben sind zwar alle schwarz, aber es gibt schnelle und langsame, laute und leise, freche und bescheidene!

Artikel 4
Glaubens- und Gewissensfreiheit

Hier geht es darum, dass sich jeder zu seinem Glauben bekennen darf und deswegen keine Vorteile oder Nachteile hat.

> Dachse glauben, dass der Himmel alle Lebewesen dieser Welt schützt. Raben genauso wie uns Dachse, die wir unter der Erde wohnen.

> Wir Raben fliegen gern hoch am Himmel. Aber sonst denken wir über solche Fragen nicht so nach. Fressen ist wichtiger!

Krabbelsack und Zuckerfest

Kennst du Krabbelsack? Jedes Kind bringt im Advent, in der Zeit vor Weihnachten, ein kleines Geschenk mit, das in einen großen Sack kommt. Das Geschenk muss nicht neu sein, aber es sollte einen anderen überraschen und erfreuen können. Am letzten Tag vor den Weihnachtsferien gibt es eine kleine Feier.

4

Jedes Kind darf in den Sack fassen und ein Päckchen herausholen. Die Kinder der vierten Klasse in der Heidschule finden die Idee toll. Bis Özlem sich meldet. „Warum machen wir das nicht auch nach Ramadan?", fragt er. „Wir sind sieben muslimische Kinder in der Klasse. Warum immer nur vor Weihnachten?" Özlem erzählt, dass Ramadan eine heilige Zeit für Muslime ist, in der gefastet wird. Wenn sie vorbei ist, gibt es ein großes Zuckerfest mit vielen Süßigkeiten und Geschenken. Die Kinder finden das toll. Sie überlegen gemeinsam mit ihrer Lehrerin, welche Feste sie im nächsten Jahr feiern möchten.

• Welche Religionen kennst du und was weißt du über sie?

• Kennst du Plätze, Orte oder Häuser, in denen Menschen sich treffen, um miteinander zu beten oder zu singen?

• Welche Feste werden bei dir gefeiert? Welches ist dein Lieblingsfest?

→LHR

Das sagt das Grundgesetz zur Glaubens- und Gewissensfreiheit

Seit es Menschen gibt, machen sie sich Gedanken darüber, woher die Welt kommt und welchen Sinn das Leben haben soll. Sie bekennen sich zu einer Religion oder zu einer Weltanschauung und fühlen sich dieser zugehörig. Zu den größten Religionen gehören das Christentum, der Islam, der Buddhismus, der Hinduismus und das Judentum. Es gibt aber noch viel mehr Religionen.

Jeder Mensch darf seine Religion selbst wählen und das glauben, wovon er überzeugt ist. Man muss aber keiner Religion angehören. Jede Weltanschauung und Religion hat ihre eigenen Regeln, ihre eigenen Gebäude, Räume und Plätze, ihre eigenen Feste und Rituale. Alle Menschen dürfen ihre Religion so ausleben, wie sie es möchten, müssen aber gleichzeitig die Religionen und Weltanschauungen der anderen achten.

Artikel 4 des Grundgesetzes bindet den Staat an die Glaubens- und Gewissensfreiheit. Auch er darf die Menschen nicht daran hindern, an das zu glauben, was sie für richtig empfinden. Die religiösen Gewohnheiten werden vom Staat respektiert. Die Gebäude und Plätze der Religionen werden geachtet, damit die Menschen ihre Religion ausüben können. Die Glaubens- und Gewissensfreiheit ist im Grundgesetz wie folgt formuliert:

> (1) „Die Freiheit des Glaubens, des Gewissens und die Freiheit des religiösen und weltanschaulichen Bekenntnisses sind unverletzlich."
> (2) „Die ungestörte Religionsausübung wird gewährleistet."
>
> (Artikel 4 Absatz 1 und 2)

4

Artikel 5
Freiheit der Meinung, Kunst und Wissenschaft

Hier geht es darum, dass jeder seine Meinung sagen darf und Informationen überall verbreitet werden dürfen.

Ärger mit dem „Filzstift"

Lars und Emma sind erst seit Kurzem auf der weiterführenden Schule, dürfen aber schon bei der Schülerzeitung „Filzstift" mitarbeiten. Nun sind sie jedoch ziemlich sauer. Am Sporttag der Luisen-Schule gibt es seit drei Jahren einen Spendenlauf. Viele Leute kommen und spenden Geld für jeden Meter, der gelaufen wird. Dabei kommt ganz schön viel Geld zusammen. Bisher hat die Schülervertretung festgelegt, wofür das gespendete Geld ausgegeben werden soll. Nun will der neue Rektor das entscheiden. Das passt Lars und Emma gar nicht. In der neuen Ausgabe des „Filzstift" schreiben sie einen Artikel darüber. In dem steht, dass sie die neue Regelung des Rektors nicht gut finden. Als das erste Exemplar auf dem Tisch liegt, ärgert sich der Rektor. Daraufhin lädt er Lars und Emma zu einem Gespräch ein.

- Wie könnte das Gespräch zwischen Emma, Lars und dem Rektor verlaufen?

- Welche Situationen kennst du, in denen Menschen unterschiedliche Meinungen haben? Und wie gehen sie damit um?

- Worüber würdest du gerne in der Schülerzeitung oder der Klassenzeitung schreiben?

- Es gibt viele Möglichkeiten, zu erfahren, was in der Welt passiert. Wie informierst du dich?

 →LHR

Das sagt das Grundgesetz zur Freiheit der Meinung, Kunst und Wissenschaft

Alle Menschen in unserem Land sollen sich ihre Meinungen zu verschiedenen Themen selbst bilden. Niemand darf einem vorschreiben, was man zu denken hat oder welche Meinung man haben muss. Wo und wie die Menschen sich informieren, bleibt ihnen überlassen. Bei uns gibt es viele unterschiedliche Medien, die Informationen verbreiten. Dazu gehören zum Beispiel Zeitungen, Radiosender, Fernsehprogramme und das Internet. Das Recht, sich seine Meinung selbst zu bilden, ist ein wichtiges Recht. Nur wer Bescheid weiß, kann mitreden und dafür sorgen, dass sich etwas verändert.

Die Meinungsfreiheit gilt auch für die Schülerzeitung. Der Rektor der Luisen-Schule kann Lars und Emma, wenn er sich über ihren Artikel in der Schülerzeitung ärgert, zu einem Gespräch einladen. Aber er darf nicht verbieten, dass die Schüler etwas schreiben, was ihm nicht gefällt. Der Schulleiter kann allerdings die Verteilung einer Zeitung auf dem Schulgelände verbieten. Das kann er zum Beispiel machen, wenn in der Schülerzeitung jemand beschimpft oder lächerlich gemacht wird. Oder wenn etwas gelogen ist.

Die Meinungsfreiheit endet nämlich da, wo die Würde eines anderen Menschen verletzt wird. Denn in Artikel 1 des Grundgesetzes heißt es: Die Würde des Menschen ist unantastbar. Ansonsten darf der Staat nichts unternehmen, was die Menschen daran hindert, sich aus Zeitungen, Radio oder Fernsehen zu informieren und ihre Meinung laut zu sagen. Eine Zensur gibt es nicht. So steht es in Artikel 5 des Grundgesetzes:

(1) „Jeder hat das Recht, seine Meinung in Wort, Schrift und Bild frei zu äußern und zu verbreiten und sich aus allgemein zugänglichen Quellen ungehindert zu unterrichten.
Die Pressefreiheit und die Freiheit der Berichterstattung durch Rundfunk und Film werden gewährleistet.
Eine Zensur findet nicht statt."
(3) „Kunst und Wissenschaft, Forschung und Lehre sind frei. [...]"

(Artikel 5 Absatz 1 und 3)

5

„Wenn ein Staat **Zensur** ausübt, heißt das, dass eine Information nicht verbreitet werden darf. Zeitungen, Radio, Fernsehen oder das Internet dürfen dann über eine Sache nichts berichten."

Artikel 6
Ehe – Familie – Kinder

Hier geht es darum, dass Ehe und Familie einen besonderen Schutz in der Gesellschaft genießen.

Dass Familien besonders geschützt werden müssen, leuchtet mir sofort ein.

Klar, ohne Nachwuchs ist man ganz schnell ausgestorben!

Mama geht arbeiten

Daniel geht in die dritte Klasse, sein kleiner Bruder Marvin noch in den Kindergarten. Papa wohnt in einer anderen Stadt. Mama hat bisher nur halbtags gearbeitet und kann nun in der Firma wieder ganztags in ihren früheren Beruf einsteigen. Mama ist überglücklich. Marvin und Daniel freuen sich mit ihr. Der einzige Nachteil ist, dass Mama jetzt den ganzen Tag weg ist. Sie kann deshalb einige Dinge, um die sie sich bisher tagsüber gekümmert hat, nicht mehr erledigen. Mama kocht nun meistens am Abend vor, und wenn Daniel von der Schule nach Hause kommt, macht er für sich und Marvin das Essen warm. Manchmal muss Mama auch Überstunden machen und kommt später, als sie versprochen hat. Das tut ihr leid, aber sie will die Stelle natürlich unbedingt behalten. Mama merkt bald, dass sie selbst und ihre Söhne mit der Situation nicht zufrieden sind. Die drei halten einen Familienrat ab, um zu besprechen, wie sie ihr Familienleben neu organisieren können.

6

- Welche Möglichkeiten hat die Familie, mit der Situation umzugehen?

- Wer kann der Familie helfen?

- Informiere dich, welche Hilfen es für Familien und Kinder in deiner Umgebung gibt.

 →LHR

Das sagt das Grundgesetz zu Ehe, Familie und Kindern

Je kleiner ein Kind ist, umso mehr Hilfe braucht es von den Erwachsenen. Ohne deren Fürsorge und Zuwendung kann es nur schwer groß werden. Sie dürfen und müssen für das Kind sorgen und sie können viel Freude miteinander haben. Eltern haben das Recht, ihr Kind so aufzuziehen, wie sie es für richtig halten. Allerdings haben sie auch bestimmte Pflichten. Denn das Wohl des Kindes muss sichergestellt sein. Diese Pflichten gelten auch, wenn das Kind nur bei einem Elternteil aufwächst.

Die Eltern sollen bei der Pflege und Erziehung ihres Kindes unterstützt werden. Können sie das Kind nicht ausreichend versorgen, müssen sie sicherstellen, dass es andere tun. Wenn es niemanden gibt, der sich um die Kinder kümmert, aber wirklich nur dann, darf der Staat eingreifen. Dies muss der Staat aber genau prüfen. Er schickt Fachleute, die nach dem Kind und der Familie sehen und ihnen helfen. Ist das nicht möglich, kümmert sich zum Beispiel eine Pflegefamilie um das Kind. Geht es der Familie wieder besser, darf das Kind natürlich nach Hause zurück.

Familien können übrigens sehr unterschiedlich aussehen. Manche Kinder haben viele Geschwister, andere gar keine. Manche Kinder leben bei beiden Elternteilen, andere nur bei Mama oder Papa. Ganz egal, wie deine Familie zusammengesetzt ist – Artikel 6 stellt sie unter einen besonderen Schutz des Staates. Und so steht der Artikel im Grundgesetz:

(1) „Ehe und Familie stehen unter dem besonderen Schutze der staatlichen Ordnung."

(2) „Pflege und Erziehung der Kinder sind das natürliche Recht der Eltern und die zuvörderst ihnen obliegende Pflicht. Über ihre Betätigung wacht die staatliche Gemeinschaft."

(3) „Gegen den Willen der Erziehungsberechtigten dürfen Kinder nur auf Grund eines Gesetzes von der Familie getrennt werden, wenn die Erziehungsberechtigten versagen oder wenn die Kinder aus anderen Gründen zu verwahrlosen drohen."

(Artikel 6 Absatz 1, 2 und 3)

6

Es ist ein dickes Vorurteil, dass Rabeneltern schlechte Eltern sind. Wir kümmern uns sehr liebevoll um unsere Kinder…

Artikel 7
Schulwesen

Hier geht es darum, wer regeln darf, was an unseren Schulen gelernt und gelehrt wird.

Schulen sind wichtig. Da lernt man vieles für das Leben.

Das stimmt. Aber wer bestimmt, was gelernt wird? Meine Raben wollen bestimmt etwas anderes wissen als Dachse und Igel.

Wollen wir eine Schule gründen?

„Ich hab keine Lust mehr auf Schule!", sagt Simon auf dem Heimweg zu seinen beiden Freunden Felix und Assam. „Wenn ich denke, was ich in der Zeit für tolle andere Sachen machen könnte!" Felix nickt: „Ich würde erst mal Tischtennis spielen. Und dann würde ich Afrika erforschen. Am Computer. Darüber will ich alles wissen. Ist ja auch Lernen!" „Man müsste eine eigene Schule gründen!", grinst Simon, „eine, wo die Kinder nur die Sachen lernen, für die sie sich interessieren!" „Das wäre toll!", findet auch Assam. Dann fällt ihm etwas ein: „So was gibt es, glaube ich, für Musiker. Eine eigene Schule, wo die Schüler nur Musik machen …" Felix unterbricht ihn: „Genau. Es gibt auch ein Schach-Gymnasium. Das hat mir mein Cousin erzählt. Die haben den ganzen Tag nur solche Fächer, die für Schach gut sind. Und in der übrigen Zeit spielen sie Schach!" Simon seufzt: „Schach kann ich nicht, aber warum nicht eine Sport-Schule? Da macht man alle Arten von Sport, und am Ende ein Sport-Abitur. Das wäre super."

7

- Was für eine Schule würdest du gründen?

- Was sind die Vorteile, wenn alle ihre Fächer selbst wählen könnten? Was sind die Nachteile?

→LHR

Das sagt das Grundgesetz zum Schulwesen

Wenn jeder seine eigene Schule gründen würde, gäbe es sicher ganz viele verschiedene Schulen mit den unterschiedlichsten Fächern. Dann wüsste aber niemand mehr, was an den einzelnen Schulen gelehrt und gelernt wird. Damit das nicht passiert, bestimmt Artikel 7 des Grundgesetzes, dass der Staat die Aufsicht über das Schulwesen hat. Der Staat hat das Recht, die Bildungspläne und die Ausbildung der Lehrer zu regeln. So soll sichergestellt werden, dass die Kinder in allen Schulen einen möglichst guten Unterricht erhalten, bei dem sie viel lernen können.

Das Grundgesetz legt außerdem fest, dass die Erziehungsberechtigten, also die Erwachsenen, die für ein Kind verantwortlich sind, bei der Einschulung bestimmen können, an welchem Religionsunterricht das Kind teilnimmt oder ob es keinen Religionsunterricht hat. Natürlich ist es gut, wenn auch die Kinder nach ihrer Meinung dazu gefragt werden. Mit 14 Jahren haben Jugendliche selbst das Recht, über die Teilnahme am Religionsunterricht zu bestimmen.

Das Grundgesetz erlaubt, dass es Schulen mit unterschiedlichen Schwerpunkten gibt. So können Privatschulen gegründet werden, die ihren Unterricht teilweise anders gestalten als öffentliche Schulen. Aber auch die Privatschulen unterstehen laut Artikel 7 der Aufsicht des Staates. Die Regelungen zum Schulwesen sind im Grundgesetz so formuliert:

(1) „Das gesamte Schulwesen steht unter der Aufsicht des Staates."

(2) „Die Erziehungsberechtigten haben das Recht, über die Teilnahme des Kindes am Religionsunterricht zu bestimmen."

(3) „Der Religionsunterricht ist in den öffentlichen Schulen mit Ausnahme der bekenntnisfreien Schulen ordentliches Lehrfach. […]"

(4) „Das Recht zur Errichtung von privaten Schulen wird gewährleistet. Private Schulen als Ersatz für öffentliche Schulen bedürfen der Genehmigung des Staates und unterstehen den Landesgesetzen. […]"

(Artikel 7 Absatz 1, 2, 3 und 4)

7

Eine Rabenschule fände ich auch spannend. Da steht dann „Nüsse knacken" und „Sicher fliegen lernen" auf dem Stundenplan…

Artikel 8
Versammlungsfreiheit

Hier geht es darum, dass alle Bürger sich versammeln können.

Menschen sind komische Vögel. Wir Raben versammeln uns, wann immer wir wollen!

Alma, Menschen sind keine Vögel. Und dieses Grundrecht hat wohl seinen Sinn. Warte mal ab, wie es weitergeht!

Der Bolzplatz

In der Hochhaussiedlung im Lerchenfeld gibt es fünf Spielplätze für kleine Kinder und einen Bolzplatz für die großen Schulkinder. Tim, Sandra, Ferrat und die andern treffen sich meistens gegen Abend dort. Sie üben Skateboard oder spielen Ball. Manchmal quatschen sie auch nur. Seit einiger Zeit gibt es Ärger mit den Nachbarn. Sie wollen, dass der Platz geschlossen wird, weil dort angeblich dauernd Müll herumliegt und sie sich durch Lärm gestört fühlen. Fast jeden Tag gibt es Stress.

Sandra mag gar nicht mehr hingehen. „Lasst uns einen andern Platz suchen", schlägt sie vor. „Kommt nicht in Frage!", schimpft Tim. „Es ist der einzige Platz in der Nähe, wo wir uns treffen können. Wir lassen uns nicht vertreiben!" Auch Ferrat meint: „Der Platz ist für alle da. Wir haben ein Recht darauf. Es muss eine andere Lösung geben."

8

• Was könnten Tim, Sandra und Ferrat tun, damit der Platz weiterhin zum Spielen genutzt werden kann?

• Welche Plätze oder Räume zum Spielen gibt es bei dir in der Nähe?

• Überlege dir weitere Gründe, warum Menschen sich draußen oder in Häusern versammeln.

 →LHR

Das sagt das Grundgesetz zur Versammlungsfreiheit

Was eigentlich selbstverständlich erscheint, ist im Grundgesetz ausdrücklich aufgeschrieben: Die Bürger haben in Deutschland das Recht, sich zu versammeln, wenn sie das möchten. Versammeln bedeutet, dass sie sich in kleinen oder großen Gruppen auf der Straße oder in Gebäuden aufhalten dürfen. Sie können sich zuhause zu einer Familienfeier treffen oder auf der Straße für eine Sache gemeinsam demonstrieren. Der Staat darf solche Zusammenkünfte nicht von vornherein verbieten. Allerdings gilt: Wer sich mit anderen versammelt, muss das in friedlicher Absicht tun – Waffen sind bei solchen Veranstaltungen verboten.

Noch eine Beschränkung der Versammlungsfreiheit steht in Absatz 2 des Artikels. Menschen, die auf der Straße gegen etwas protestieren oder für etwas demonstrieren wollen, müssen dies vorher beim Rathaus anmelden und genehmigen lassen. Das macht Sinn: Wenn viele Menschen an einer Demonstration teilnehmen, muss die Polizei vorher die Straße sperren, damit keine Unfälle passieren. Manchmal müssen auch die Busse umgeleitet werden, wenn große Veranstaltungen stattfinden. Da muss die Stadt vorher Bescheid wissen! Im Grundgesetz liest sich die Versammlungsfreiheit mit ihren Einschränkungen so:

(1) „Alle Deutschen haben das Recht, sich ohne Anmeldung oder Erlaubnis friedlich und ohne Waffen zu versammeln."

(2) „Für Versammlungen unter freiem Himmel kann dieses Recht durch Gesetz oder auf Grund eines Gesetzes beschränkt werden."

(Artikel 8)

8

Du hast recht, Jago! Für die Menschen ist es sinnvoll, die Versammlungsfreiheit zu haben.

Was für euch Raben selbstverständlich ist, wird den Menschen dadurch ausdrücklich erlaubt.

Artikel 9
Vereinigungsfreiheit

Hier geht es darum, dass wir Vereine gründen dürfen.

Laubenpieperfrösche

Tinas Opa Alfons hat einen Schrebergarten in einem großen Gartengelände. Dort gibt es viele kleine Gärten mit Gemüsebeeten und Blumen, aber auch seltene Vögel und Frösche. Seit Jahren trifft sich Alfons dort mit seinen Freunden. Jetzt sollen die Gärten plattgemacht werden. Die Stadt will eine Wohnsiedlung mit Parkplätzen darauf bauen.

Alfons ist erbost. Er ruft seine Freunde zusammen und sie gründen den Verein „Laubenpieperfrösche". „Laubenpieper" bedeutet Kleingärtner. Alfons und seine Freunde organisieren Versammlungen und verteilen Flugblätter auf dem Marktplatz. Damit wollen sie erreichen, dass alle Leute wissen, was die Stadt plant. Die Leute sollen dabei helfen, die Schrebergärten zu retten. Die Vereinsmitglieder sammeln Unterschriften und gehen zusammen in die Gemeinderatsversammlung. Dem Bürgermeister passt das nicht. Aber er kann nichts gegen Opa Alfons' Aktivitäten machen, er kann den Verein auch nicht verbieten. Weil Opa Alfons und seine Mitstreiter nicht lockerlassen, gibt der Bürgermeister schließlich nach. Es wird keine Wohnsiedlung gebaut. Opa Alfons und seine Freunde lösen den Verein aber nicht auf. Dafür macht ihnen das gemeinsame Vereinsleben viel zu viel Spaß. Jetzt setzt sich der Verein für die Pflege der Natur im ganzen Stadtgebiet ein.

9

• Was für einen Verein würdest du gründen?

• Welche Vereine gibt es in deinem Ort? Was machen die Menschen dort?

→**LHR**

Das sagt das Grundgesetz zur Vereinigungsfreiheit

In Vereinen können sich Menschen zusammentun und gemeinsam etwas unternehmen oder für eine gute Sache kämpfen. Vereine machen das Zusammenleben vielfältiger. Außerdem hat man im Verein mehr Möglichkeiten als alleine, etwas durchzusetzen oder zu verändern. Wer Mitstreiter für eine Sache findet, hat es oft leichter! Es kann aber niemand gezwungen werden, in einen Verein einzutreten oder in einem Verein zu bleiben. Man kann, wenn man will, auch wieder austreten.

Artikel 9 des Grundgesetzes legt fest, dass Bürger Vereine gründen können, wenn sie das möchten. Nur unter ganz bestimmten Umständen darf der Staat Vereine verbieten – zum Beispiel wenn sich ein Verein mit dem Ziel gründet, Verbrechen zu begehen. Das würde dem friedlichen Zusammenleben der Menschen in unserem Land schaden und wäre deshalb nicht erlaubt. Im Grundgesetz liest sich die Vereinigungsfreiheit mit ihrer Einschränkung so:

> (1) „Alle Deutschen haben das Recht, Vereine und Gesellschaften zu bilden."
> (2) „Vereinigungen, deren Zwecke oder deren Tätigkeit den Strafgesetzen zuwiderlaufen oder die sich gegen die verfassungsmäßige Ordnung oder gegen den Gedanken der Völkerverständigung richten, sind verboten."
>
> (Artikel 8 Absatz 1 und 2)

9

Artikel 10
Brief-, Post- und Fernmeldegeheimnis

Hier geht es darum, dass persönliche Nachrichten nur derjenige öffnen oder lesen darf, für den sie bestimmt sind.

Anderer Leute Briefe lesen – das würde mir nicht im Traum einfallen!

Na ja, ich gebe zu, dass es mir schon mal in den Krallen juckt! Ich bin so neugierig!

Kinobesuch

Katrin ist ein bisschen in Jan verknallt. Sie findet ihn so süß. Ob er sie wohl genauso nett findet? Im Unterricht schaut sie ihn verträumt an und malt sich aus, dass sie zusammen ins Kino gehen. Wenn sie sich nur trauen würde, ihn zu fragen! Katrins beste Freundin Janina meint, sie soll ihm doch einfach ein Zettelchen schreiben. Katrin reißt ein Blatt aus ihrem Heft. Darauf schreibt sie: „Lieber Jan, hast du Lust, mit mir ins Kino zu gehen? Liebe Grüße, Katrin". Katrin malt noch eine Blume in die eine Ecke und ein Herz in die andere. Den Zettel faltet sie ganz klein zusammen. Sie schreibt „Für Jan" darauf und lässt ihn durch die Bank gehen. Als der Brief bei Jan angekommen ist, liest er ihn unter dem Tisch und schiebt ihn dann oben auf seine Schultasche. Als es zur Pause klingelt, geht Jan in den Hof. Mirko fischt den Zettel aus Jans Schultasche und will ihn lesen. Peter sagt: „Ey, Mirko – der Brief ist wohl nicht für dich, oder?" Mirko schiebt Peter weg: „Jan ist mein bester Freund! Wir haben keine Geheimnisse!"

10

• Was denkst du über Mirkos Verhalten?

• Wie fändest du es, wenn deine Eltern, Geschwister oder Freunde Nachrichten lesen, die für dich bestimmt sind?

→LHR

Das sagt das Grundgesetz zum Brief-, Post- und Fernmeldegeheimnis

Briefe und Post darf nur derjenige öffnen und lesen, dessen Name vorne draufsteht. Die Botschaft im Umschlag ist geheim – und dieses Geheimnis darf nicht verletzt werden. Das gilt genauso für Postkarten, Päckchen und Pakete, für E-Mails und SMS. Persönliche Nachrichten und Botschaften soll nur derjenige bekommen, an den sie gerichtet sind. Was der Empfänger danach damit macht, ist seine Sache.

Neugierde ist zwar erst einmal etwas Gutes, doch sie muss da Halt machen, wo das Recht des anderen beginnt. Und der Inhalt eines Briefes, eines Päckchens oder einer Nachricht geht andere nun mal nichts an. Das gilt nicht nur zwischen Freunden und Familienmitgliedern, sondern auch für den Staat. Denn Artikel 10 des Grundgesetzes bindet den Staat ausdrücklich an das Brief-, Post- und Fernmeldegeheimnis.

> (1) „Das Briefgeheimnis sowie das Post- und Fernmeldegeheimnis sind unverletzlich."
>
> (Artikel 10 Absatz 1)

60

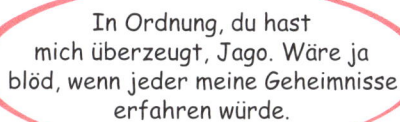

10

Artikel 11
Freizügigkeit

Hier geht es darum, dass jeder Bürger seinen Wohnort wechseln und selbst entscheiden kann, wo er leben will.

Bleibst du dein ganzes Dachsleben lang immer im gleichen Bau?

Im Grunde ja. Aber wenn ich wollte, könnte ich auch in einem anderen Wald wohnen.

Papas neuer Job

Max ist zehn Jahre alt und wohnt in Hamburg. Eines Tages bekommt Papa ein tolles Angebot von seiner Firma. Er wird mehr Geld verdienen und die Arbeit wird ihm viel mehr Spaß machen. Allerdings muss die Familie dafür nach Stuttgart ziehen. Mama ist einverstanden. Sie denkt, dass sie auch in Stuttgart eine neue Arbeit für sich findet. Mama und Papa machen Pläne und freuen sich auf den Umzug.
Max nicht. Er muss seine Freunde zurücklassen und sich an eine neue Schule gewöhnen. Dort gelten andere Regeln und es ist so weit weg, dass er nur in den Ferien seinen besten Freund Benedikt besuchen kann. Max will nicht weg aus Hamburg.

- Überlege dir, welche Vor- und Nachteile ein Umzug für die Eltern und für Max hat.

11

- Bist du schon einmal umgezogen und was war der Grund dafür? Oder kennst du jemanden, der schon einmal umgezogen ist, und weißt du, wieso?

- Wo würdest du gerne wohnen und warum?

→LHR

Das sagt das Grundgesetz zur Freizügigkeit

Die Eltern von Max können für sich entscheiden, wo sie wohnen möchten. Die Familie kann in eine andere Stadt oder Region ziehen, wenn die Eltern dort eine bessere Arbeit bekommen oder es ihnen woanders einfach besser gefällt. Da Max noch nicht erwachsen ist, zieht er zusammen mit seinen Eltern um. Der Staat will und darf seinen Bürgern nicht verbieten, an einen anderen Ort zu ziehen. Die sogenannte Freizügigkeit ist in Artikel 11 des Grundgesetzes geregelt. Das Grundgesetz legt damit fest, dass alle Bürger das Recht haben, dort zu leben, wo sie wollen.

Allerdings gibt es auch in Deutschland Menschen, die dieses Recht nicht haben. Dazu zählt zum Beispiel jemand, der eine Straftat begangen hat und deswegen im Gefängnis sitzt. Diesem Menschen kann der Staat keine Freizügigkeit gewähren, da er verhindern muss, dass der Straftäter noch einmal eine Straftat begeht. Außerdem gehören dazu Menschen, die in ihren Heimatländern verfolgt werden und nach Deutschland geflüchtet sind, um hier um Asyl zu bitten. Während darüber entschieden wird, ob sie hierbleiben dürfen, bestimmt der Staat eine Stadt, in der sie leben müssen. Sie können nicht einfach umziehen. Im Grundgesetz ist die Freizügigkeit so formuliert:

(1) „Alle Deutschen genießen Freizügigkeit
im ganzen Bundesgebiet."

(Artikel 11 Absatz 1)

Ich flieg dahin,
wo es mir gefällt.
So kann ich viele neue
Orte kennenlernen.

Und mir kannst
du berichten, was du
alles erlebt hast.

11

Artikel 12
Berufsfreiheit

Hier geht es darum, dass wir selbst entscheiden dürfen, welchen Beruf wir ergreifen und ausüben.

Das ist doch nichts für dich ...

Carla will Schornsteinfegerin werden. Sie findet es toll, wenn der Kaminkehrer mit seinem lustigen Besen auf das Dach steigt. Am liebsten würde sie mit hinauf und von oben in den schwarzen Schornstein hinunter- und über alle Dächer gucken. Carla stellt sich den Beruf sehr spannend vor. Ihr Bruder Jens lacht sie aus: „Kaminkehrer? Da sehen dich alle doch nur als Glücksbringer. Denk dir was anderes aus!" Und Oma sagt: „Bitte nicht, Kind. Am Ende fällst du vom Dach!" Papa sagt schließlich: „Ich habe noch nie von einem weiblichen Schornsteinfeger gehört. Meinst du wirklich, dass das zu dir passt?" Aber Carla lässt sich nicht entmutigen. Weil sie sportlich ist,

ein gutes Körpergefühl und technisches Verständnis hat, denkt sie, dass sie gute Chancen hat.

• Was würdest du Carla raten?

• Was möchtest du später werden? Und warum?

→LHR

Das sagt das Grundgesetz zur Berufsfreiheit

Alle Bürger sollen selbst entscheiden, welche Ausbildung sie machen und welchen Beruf sie ausüben. Du hast sicher auch schon eine Idee, was du später einmal werden möchtest. Wichtig ist, dass man einen Beruf findet, der zu einem passt. Allerdings klappt das mit dem Wunschberuf nicht immer so, wie wir uns das vorstellen. Das kann ganz viele Gründe haben. Zum Glück gibt es aber viele verschiedene Berufe, die Spaß machen können.

In Artikel 12 bestimmt das Grundgesetz, dass sich auch der Staat bei der Berufswahl der Bürger nicht einmischen darf. Da jeder selbst entscheiden kann, was und wo er arbeiten möchte, kann der Staat zum Beispiel von einem Automechaniker nicht verlangen, dass er als Metzger arbeiten muss. Und es darf kein Mensch überhaupt zu einer Arbeit gezwungen oder in einen Beruf gedrängt werden, nur weil dieser Beruf gerade gebraucht wird. Und so steht der Artikel im Grundgesetz:

12

> (1) „Alle Deutschen haben das Recht, Beruf, Arbeitsplatz und Ausbildungsstätte frei zu wählen. […]"
>
> (Artikel 12 Absatz 1)

Artikel 13

Unverletzlichkeit der Wohnung

Hier geht es darum, dass wir bestimmen dürfen, wer in unsere Wohnung darf.

> Zum Glück hörst du von Weitem, wenn ich angeflogen komme. Da brauchst du nur noch zu sagen, ob dir mein Besuch passt oder nicht!

> Dein Gekrächze ist einmalig, liebe Alma. Und du bist mir immer ein lieber Gast!

Ein unbekannter Besucher

Bei Familie Tremo klingelt es an der Wohnungstür. Gerade als Mama im Badezimmer ist. Der siebenjährige Stefano macht die Tür einen Spalt breit auf und guckt hinaus. Draußen steht ein Mann in Uniform, den Stefano nicht kennt. Der Mann sagt freundlich: „Hallo. Holst du mal deine Mama?" Stefano sagt: „Die Mama ist gerade im Badezimmer!" „Ach, da kann ich ja so lange im Wohnzimmer auf sie warten", sagt der Mann. Da antwortet Stefano …

• Wie könnte die Geschichte weitergehen?

• Was sollte Stefano tun?

→LHR

Das sagt das Grundgesetz
über die Unverletzlichkeit der Wohnung

Kein Fremder darf eine Wohnung betreten, wenn es derjenige, der in der Wohnung wohnt, nicht erlaubt. Wenn es an eurer Tür klingelt, bist du nicht verpflichtet, die Person hereinzubitten. Ausnahmen gibt es nur im Notfall. Zum Beispiel wenn es brennt und die Feuerwehr löschen muss. Ansonsten muss man niemanden in seine Wohnung lassen.

Artikel 13 des Grundgesetzes legt fest, dass auch der Staat nicht einfach in eine Wohnung hineindarf. Selbst die Polizei braucht eine besondere Genehmigung von einem Richter, wenn sie eine Wohnung durchsuchen möchte. Der Artikel hat viel mit dem Recht auf Freiheit zu tun. Jeder Mensch soll sein Leben selbst gestalten können. Daher schützt dieses Grundrecht den persönlichen Lebensraum jedes Menschen – also die Wohnung oder das Haus, in dem jemand wohnt – vor dem Staat. Das Grundgesetz formuliert die Unverletzlichkeit der Wohnung mit ihren Ausnahmen so:

13

> (1) „Die Wohnung ist unverletzlich."
> (2) „Durchsuchungen dürfen nur durch den Richter, bei Gefahr im Verzuge auch durch die in den Gesetzen vorgesehenen anderen Organe angeordnet und nur in der dort vorgeschriebenen Form durchgeführt werden."
>
> (Artikel 13 Absatz 1 und 2)

Artikel 14
Eigentum – Erbrecht – Enteignung

Hier geht es darum, dass Eigentum sein darf.

Wofür hat man einen kleinen Bruder?

Denis hat zu seinem neunten Geburtstag von Tante Anneliese ein Handy bekommen. Er ist glücklich. Jetzt kann er sich mit seinen besten Freunden SMS zuschicken. Die Gebühren der Telefonkarte bezahlt er von seinem Taschengeld. Und weil er sonst sehr sparsam ist, kommt er damit prima hin. Denis genießt es, ein Handy zu haben.

Denis hat einen großen Bruder. Er heißt Sven und soeben hat sein Handy den Geist aufgegeben. „Ach!", denkt Sven, „wofür hat man denn einen kleinen Bruder? Leihe ich mir eben sein Handy." Er schnappt es sich und düst ab zum Handballtraining.

Denis ist stinksauer. „Du bist echt fies! Gib sofort mein Handy her", giftet er Sven an, als der vom Handball zurückkommt. „Ich hab's dringend gebraucht", erklärt Sven, „und bei dir lag es ja nur herum!" „Das ist egal!", wehrt sich Denis. „Du hättest fragen können. Ich nehme dir auch nicht einfach etwas weg, wenn ich es gerade gut brauchen kann!"

- Wie könnte die Geschichte weitergehen?

- Hast du schon einmal einen Streit mit jemandem gehabt, weil er dir etwas weggenommen hat? Worum ging es?

 →LHR

14

Das sagt das Grundgesetz zu Eigentum, Erbrecht und Enteignung

Sich einfach etwas zu nehmen, was einem nicht gehört, ist nicht richtig. Wenn sich Menschen gegenseitig etwas wegnehmen, nennt man das Diebstahl. Wer einen Diebstahl begeht, kann von der bestohlenen Person bei der Polizei angezeigt werden. Wenn man etwas benutzen möchte, das einem anderen gehört, kann man fragen, ob man es sich ausleihen darf. Fürs Ausleihen sollten bestimmte Regeln aufgestellt werden. Wenn es Abmachungen gibt, die jeder einhält, erspart man sich Ärger und Enttäuschungen.

Artikel 14 des Grundgesetzes legt fest, dass auch der Staat das Eigentum der Menschen respektieren muss. Er darf die Möglichkeit, Eigentum zu haben, nicht abschaffen. Auch das, was Eltern im Laufe ihres Lebens erarbeiten und ihren Kindern nach ihrem Tode vererben, darf den Kindern vom Staat nicht weggenommen werden.

Das Grundgesetz macht in Artikel 14 außerdem deutlich, dass derjenige, der Eigentum hat, eine Verantwortung gegenüber anderen Menschen hat. Man kann mit seinem Eigentum nicht unbeschränkt machen, was man will, sondern muss den möglichen Nutzen oder Schaden für die anderen beachten. Zudem kann es vorkommen, dass der Nutzen für alle, das sogenannte „Wohl der Allgemeinheit", wichtiger ist als der Nutzen des Einzelnen. Wenn zum Beispiel eine wichtige Straße gebaut wird, kann ein Gericht entscheiden, dass man dem Staat sein Grundstück oder einen Teil davon für diesen Zweck verkaufen muss – auch wenn man selbst das Grundstück lieber behalten möchte. In diesem Fall spricht man von Enteignung. Die Bestimmungen zum Eigentum sind im Grundgesetz wie folgt aufgeführt:

(1) „Das Eigentum und das Erbrecht werden gewährleistet. […]"
(2) „Eigentum verpflichtet. Sein Gebrauch soll zugleich dem Wohle der Allgemeinheit dienen."
(3) „Eine Enteignung ist nur zum Wohle der Allgemeinheit zulässig. Sie darf nur durch Gesetz oder auf Grund eines Gesetzes erfolgen, das Art und Ausmaß der Entschädigung regelt. […]"

(Artikel 14 Absatz 1, 2 und 3)

Und nun kommen wir zu Artikel 16.

Und was ist mit Artikel 15? Der fehlt doch noch.

Gut aufgepasst, Alma! Der steht zwar im Grundgesetz, doch er wurde bisher noch nie angewendet. Daher überspringen wir diesen Artikel.

14

Artikel 16 und 16a

Staatsangehörigkeit
– Auslieferung/Asylrecht

Hier geht es darum, dass einem niemand die deutsche Staatsangehörigkeit wegnehmen kann. Außerdem geht es darum, wie wir mit verfolgten Menschen aus anderen Ländern umgehen.

Kein Rabe will von seinem Feld vertrieben werden.

Und Dachse bleiben gern in ihrem Wald!

Janas Vater will nicht ins Gefängnis

Jana ist aus einem anderen Land mit ihren Eltern nach Deutschland gekommen. Nicht etwa zum Urlaubmachen. Janas Vater möchte mit seiner Familie in Deutschland bleiben. In seiner Heimat war er Journalist für eine Zeitung. Weil er die Politiker dort nicht gut fand und das auch immer wieder in seiner Zeitung geschrieben hat, wurde er verhaftet und ins Gefängnis geworfen. Die Gesetze in seinem Land lassen das zu. Janas Vater musste deshalb mit seiner Familie fliehen und ist erst nach einer langen, schwierigen Reise in Deutschland angekommen. Hier werden er und seine Familie erst einmal in einer Wohnung der Stadt untergebracht und mit allem Wichtigen versorgt. Jana kann die Schule besuchen und ihr kleiner Bruder bekommt einen Kindergartenplatz. Janas Vater stellt nun einen Antrag auf Asyl. Die Behörden prüfen, ob Janas Vater wirklich in seinem Heimatland verfolgt wird und seine Familie in Gefahr ist. Es wird eine Weile dauern, bis entschieden ist, ob Janas Vater und seine Familie in Deutschland bleiben dürfen. Bis dahin erhalten Jana und ihre Eltern das, was sie zum Leben brauchen, vom deutschen Staat.

- Kannst du dir vorstellen, wie sich Jana nach ihrer Ankunft in Deutschland gefühlt hat?

16

- Überlege dir, was man tun könnte, damit sich ein Mitschüler, der aus einem anderen Land neu in deine Klasse kommt, hier wohlfühlt.

→LHR

Das sagt das Grundgesetz zur Staatsangehörigkeit und zum Asylrecht

Es soll kein Mensch auf der Welt in die Situation kommen, dass er zu keinem Land gehört. Darin sind sich die Menschen auf der ganzen Welt so ziemlich einig. Allerdings hat das Land, in dem man wohnt, nicht immer etwas damit zu tun, welche Staatsangehörigkeit man hat. So kann man in Deutschland wohnen, ohne die deutsche Staatsangehörigkeit zu besitzen. Ebenso kann man als deutscher Staatsangehöriger in einem anderen Land leben.

Jeder Mensch erhält automatisch mit seiner Geburt die Staatsangehörigkeit eines Landes. Welche Staatsangehörigkeit man bei der Geburt bekommt, ist in jedem Staat unterschiedlich geregelt. Es kann davon abhängen, welche Staatsangehörigkeit die Eltern haben, oder auch davon, in welchem Land jemand geboren wurde. Außerdem kann man auch die Staatsangehörigkeit eines anderen Landes annehmen. Das nennt man Einbürgerung. Mit der Staatsangehörigkeit haben die Bürger bestimmte Rechte und Pflichten gegenüber dem Staat, dem sie angehören. Artikel 16 des Grundgesetzes stellt klar, dass einem der deutsche Staat die deutsche Staatsangehörigkeit nicht wegnehmen kann.

> „Als **Bürger** eines Landes werden diejenigen bezeichnet, die die **Staatsangehörigkeit** dieses Landes haben. Das bedeutet, dass alle Rechte und Pflichten des Landes für sie gelten. Welche Staatsangehörigkeit man hat, zeigt der Pass mit Passbild, Name und Geburtsdatum."

Neben Artikel 16 gibt es noch Artikel 16a des Grundgesetzes. Dort ist geregelt, dass Deutschland dazu verpflichtet ist, Menschen in Not aufzunehmen und ihnen zu helfen. Nicht in allen Ländern der Welt können die Menschen in Frieden und Freiheit leben. In manchen Ländern herrschen Krieg und Verfolgung. Die Menschen dürfen

nicht sagen, was sie wollen, und nicht arbeiten, wie sie wollen. Sie müssen tun, was ihnen die Herrscher des Landes vorschreiben. Daher suchen die Menschen Zuflucht in einem anderen Land und bitten um Asyl. Sie hoffen, dort aufgenommen zu werden und ohne Verfolgung leben und arbeiten zu können. Und so stehen die Artikel zur Staatsangehörigkeit und zum Asylrecht im Grundgesetz:

> (1) „Die deutsche Staatsangehörigkeit darf nicht entzogen werden. […]"
>
> (Artikel 16 Absatz 1)
>
> (1) „Politisch Verfolgte genießen Asylrecht."
>
> (Artikel 16a Absatz 1)

Gastfreundlich aufgenommen zu werden ist eine tolle Sache – erst recht in einem anderen Land!

16

Artikel 17
Beschwerderecht

Hier geht es darum, dass jeder aktiv werden darf, wenn ihm etwas nicht passt.

Wenn wir Raben ein Recht auf Beschwerde hätten, dann würden wir gegen die lauten Flugzeuge vorgehen!

Wir Dachse würden uns über den vielen Müll und die Krachmacher im Wald beschweren.

Schluss mit dem Gehampel!

Wiesendorf ist ein kleiner Ort auf dem Land. Mitten durch das Dorf verläuft die Bundesstraße in die nächste große Stadt. Deshalb fahren viele Autos durch Wiesendorf. Anna muss auf ihrem Schulweg über die Straße, aber auch wenn sie am Nachmittag ihre Freundin besuchen will. Manchmal steht sie ganz schön lange, bis sie auf die andere Straßenseite kann. Max geht es nicht anders. Er ist gestern zum zweiten Mal zu spät zum Klavierunterricht gekommen, weil so viel Verkehr war. Er ist richtig sauer. „Fünf Minuten habe ich gewartet!", sagt er. „Es wird immer schlimmer. Irgendwann komme ich gar nicht mehr rüber!" Der Klavierlehrer nickt: „Da muss endlich eine Fußgängerampel her. Aber die Gemeindeverwaltung sagt, die sei zu teuer!" Max ist empört. „Wir sollten uns beschweren!"
Am nächsten Tag schreiben die Kinder der vierten Klasse einen Brief an die Verwaltung. Ihre Klassenlehrerin hilft ihnen dabei. Die Kinder erklären in dem Brief, dass die Straße das ganze Dorf trennt. Und dass es immer gefährlicher wird, über die Straße zu kommen. Zum Schluss schreibt Max über den Brief mit bunten Buchstaben: „Schluss mit dem Gehampel, wir brauchen eine Ampel!"

- Kennst du noch andere Beispiele, wo sich Menschen zusammengetan haben, um sich zu beschweren?

- Worüber würdest du dich beschweren?

17

→LHR

Das sagt das Grundgesetz zum Beschwerderecht

Artikel 17 stellt sicher, dass sich alle Menschen zu Wort melden können, wenn sie meinen, dass etwas nicht in Ordnung ist oder verändert werden muss. Alle – übrigens auch Kinder! – haben das Recht, sich mit Beschwerden an die zuständigen staatlichen Stellen, zum Beispiel den Bürgermeister, zu wenden. Wenn man sich beschweren möchte, sollte man sich zunächst erkundigen, wer für die Sache zuständig ist. Dann formuliert man in einem Brief, was einen stört oder was man verändern möchte. Dabei können sich Kinder natürlich von ihren Eltern oder Lehrern helfen lassen. Manchmal muss man mehrere Briefe schreiben oder sich Verbündete suchen, die das gleiche Anliegen haben. Sicher muss man Geduld haben. Aber in vielen Fällen kann man durch Beschwerden eine Verbesserung erreichen. Das Recht, sich beim Staat über Missstände zu beschweren, formuliert das Grundgesetz in Artikel 17 so:

> „Jedermann hat das Recht, sich einzeln oder
> in Gemeinschaft mit anderen schriftlich mit Bitten oder
> Beschwerden an die zuständigen Stellen und an die
> Volksvertretung zu wenden."
>
> (Artikel 17)

17

Artikel 18/19

Verwirkung – Einschränkung – Rechtsweg

Hier geht es darum, wie Grundrechte eingeschränkt werden können und was man tun kann, wenn der Staat die Rechte der Menschen nicht beachtet.

> Oh, sind wir schon am Ende?

> Zwei Artikel fehlen uns noch, liebe Alma. Und die schauen wir uns jetzt zum Abschluss an.

Artikel 18 bestimmt, was passieren muss, damit der Staat einem Menschen ein Grundrecht wegnehmen darf. Da in der Geschichte der Bundesrepublik Deutschland seit der Einführung unseres Grundgesetzes noch nie einem Menschen ein Grundrecht entzogen wurde, gehen wir auf diesen Artikel nicht weiter ein.

Artikel 19 legt fest, wie Grundrechte durch andere Gesetze eingeschränkt werden können und was wir tun können, wenn unsere Rechte vom Staat verletzt werden. Schranken kennst du sicher vom Bahnübergang. Wenn sie unten sind, darf man die Bahngleise mit

dem Auto, dem Fahrrad oder zu Fuß nicht überqueren. Ähnlich wie am Bahnübergang gibt es auch im Grundgesetz Schranken, an denen Grundrechte in bestimmten Fällen Halt machen. Schranken sind hier aber keine rot-weißen Stangen, sondern andere Gesetze, die die Wirkung eines Grundrechtes einschränken können.

Eine Sache ist dabei aber sehr wichtig: Alle Grundrechte dürfen bei einer Einschränkung nicht in ihrem Wesensgehalt verletzt werden. Den „Wesensgehalt" kannst du dir als innersten, unverletzlichen Kern eines jeden Grundrechtes vorstellen. Dieser Kern muss trotz aller Schranken immer erhalten bleiben.

Und noch etwas ganz Wichtiges steht in Artikel 19 in Absatz 4: Wenn sich ein Mensch vom Staat in seinen Rechten verletzt fühlt, dann kann er etwas dagegen tun. Denn das Grundgesetz stellt sicher, dass die Menschen gegen den Staat vor Gericht ziehen können. Ein unparteiischer Richter entscheidet dort, ob die Rechte des Menschen vom Staat tatsächlich verletzt wurden oder nicht. Unsere Rechte stehen also nicht nur auf dem Papier, sondern der Staat muss sich bei allem, was er tut, an ihnen orientieren.

(1) „Soweit nach diesem Grundgesetz ein Grundrecht durch Gesetz oder auf Grund eines Gesetzes eingeschränkt werden kann, muss das Gesetz allgemein und nicht nur für den Einzelfall gelten. Außerdem muss das Gesetz das Grundrecht unter Angabe des Artikels nennen."
(2) „In keinem Falle darf ein Grundrecht in seinem Wesensgehalt angetastet werden."
(4) „Wird jemand durch die öffentliche Gewalt in seinen Rechten verletzt, so steht ihm der Rechtsweg offen. [...]"

(Artikel 19 Absatz 1, 2 und 4)

18

19

83

Alma Rabe hat eine Idee

„Die Grundrechte sind voll in Ordnung", meint Alma. „Und ich hab's kapiert: Sie legen fest, was der Staat darf und was nicht, und organisieren so auch das Zusammenleben der Menschen. Das ist echt eine gute Idee. Toll, dass die Menschen so etwas haben!"

„Und was machst du, liebe Alma, nun mit dem, was du über die Grundrechte erfahren hast?", fragt Jago. „Ich werde jetzt erst mal meinen Raben davon berichten, vielleicht können wir uns ja etwas abschauen", meint Alma. „Da wünsche ich dir

viel Glück, liebe Alma!", sagt Jago und gähnt. „Ich bin gespannt, was du mir berichten wirst. Ich ruhe mich jetzt erst mal etwas aus, das Erzählen hat mich müde gemacht."

Alma fliegt zum Maisfeld und ruft dort ihre Raben zusammen. Sie berichtet ihnen von dem, was sie von Jago über die Grundrechte der Menschen erfahren hat. „Vielleicht können die Grundrechte auch unserer Rabenschar nützen", beendet Alma ihre Erzählung. „Aber wozu brauchen wir die denn?", ruft Otto Rabe dazwischen. „Wir haben doch dich! Du bist die Vorsitzende und kannst entscheiden, wenn wir ein Problem haben."

Alma nickt. „Ja, das könnte ich. Doch wenn wir für alle verbind-
liche Rechte haben, dann kann derjenige, der den Vorsitz hat,
nicht einfach machen, was er will, und alles allein bestimmen.
Er muss sich an die Rechte halten, die alle festgelegt haben –
wie jeder andere auch. Wenn alle von uns ihre Rechte kennen,
kann jeder mit aufpassen und wir können noch viel besser zusammenleben", erklärt Alma. Das finden die Raben gut. Sie
setzen sich auf den großen Nussbaum und überlegen gemeinsam, welche Rechte sie für ihre Rabenschar brauchen können.

Kinder haben Rechte – weltweit!
Die Kinderrechte der Vereinten Nationen

Kinder und Jugendliche brauchen besondere Rechte und besonderen Schutz, damit sie gut aufwachsen können. Viele Staaten haben deshalb schon 1959 eine „Erklärung der Rechte des Kindes" verabschiedet. Da man sich zwar an eine Erklärung halten kann, aber nicht muss, wurde beschlossen, die Kinderrechte verbindlich zu machen. Seit 1989 sind die Kinderrechte in einem Übereinkommen, also so etwas wie einem Vertrag, festgeschrieben. Dieses Übereinkommen wurde im Rahmen der Vereinten Nationen (United Nations, UN) getroffen. Die UN sind eine Organisation, die dafür eintritt, dass alle Menschen auf der Erde die gleichen Rechte und Chancen haben, egal in welchem Land sie leben. Heute sind fast alle Staaten der Welt Mitglied der UN. Das Übereinkommen für die Rechte der Kinder heißt UN-Kinderrechtskonvention. Sie enthält insgesamt 54 Artikel, die für alle Kinder der Welt gelten.

Die 10 wichtigsten Rechte sind hier zusammengefasst:

1. Alle Kinder haben die gleichen Rechte. Kein Kind darf benachteiligt werden.
2. Kinder haben das Recht, gesund zu leben, Geborgenheit zu finden und keine Not zu leiden.
3. Kinder haben das Recht, bei ihren Eltern zu leben. Leben die Eltern nicht zusammen, haben Kinder das Recht, beide Eltern regelmäßig zu treffen.
4. Kinder haben das Recht, zu spielen, sich zu erholen und künstlerisch tätig zu sein.
5. Kinder haben das Recht, zu lernen und eine Ausbildung zu machen, die ihren Bedürfnissen und Fähigkeiten entspricht.
6. Kinder haben das Recht, bei allen Fragen, die sie betreffen, sich zu informieren, mitzubestimmen und zu sagen, was sie denken.

7. Kinder haben das Recht, dass ihr Privatleben und ihre Würde geachtet werden.
8. Kinder haben das Recht auf Schutz vor Gewalt, Missbrauch und Ausbeutung.
9. Kinder haben das Recht, im Krieg und auf der Flucht besonders geschützt zu werden.
10. Behinderte Kinder haben das Recht auf besondere Fürsorge und Förderung, damit sie aktiv am Leben teilnehmen können.

Einige dieser Rechte sind für dich vielleicht selbstverständlich. Aber leider ist das nicht für alle Kinder dieser Welt so. Da es aber die Kinderrechte gibt, kann man sich auf diese Rechte berufen und sich dafür einsetzen, dass sie auch überall umgesetzt werden.

Einige Kinderrechte kommen dir bestimmt aus der Grundrechtefibel bekannt vor. Denn du findest sie, ein wenig anders formuliert, auch in den Grundrechten wieder. Durch die UN-Kinderrechtskonvention wird jedoch noch einmal deutlich, dass diese grundlegenden Rechte auch für Kinder gelten – und auf der ganzen Welt!

Dass es Rechte ganz speziell für Kinder gibt, ist eine tolle Sache. Aber die Kinderrechte nutzen nur, wenn viele darüber Bescheid wissen und sich dafür einsetzen. Das gilt auch für die Kinder selbst – also auch für dich! Im Internet kannst du dich weiter über die Kinderrechte informieren. Unter *http://www.unicef.de/aktionen/ kinderrechte20/* findest du die UN-Kinderrechtskonvention mit allen 54 Artikeln und viele weitere Informationen rund um die Kinderrechte.

Was ist Demokratie?
Ein Gespräch zwischen Alma Rabe und Jago Dachs

 Alma Rabe will wissen, was eine Demokratie ist: „Demokratie – das musst du mir bitte erklären, Jago!"

 Jago Dachs seufzt erst einmal tief, dann beginnt er bedächtig: „In jedem Staat, in dem Menschen zusammenleben, muss es jemanden geben, der sagt, wo es langgeht."

 „Aha, der Bestimmer!", ruft Alma.

 Jago nickt: „Genau! Einer, der bestimmt, nach welchen Regeln die Menschen sich richten sollen. Das ist aber nicht so einfach, da ja nicht immer alle Menschen dasselbe wollen."

 Alma unterbricht: „Das verstehe ich. Bei uns Raben ist das ja nicht anders."

 Jago spricht weiter: „Stimmt! Ein Staat muss regiert werden, damit das Zusammenleben innerhalb seiner Grenzen, aber auch mit anderen Ländern klappt."

 Schon wieder unterbricht Alma: „In manchen Ländern gibt es dafür einen König, oder?"

 Jago gibt ihr recht: „Stimmt! Heutzutage haben Könige meistens nicht mehr so viel Macht. Früher gab es aber noch viel mehr Könige und diese konnten alleine über alle anderen bestimmen."

Alma seufzt: „Wenn ich Königin über alle Raben sein könnte, würde mir das auch gefallen!"

 „Langsam, Alma!", **mahnt Jago**. „Nur von einem Einzigen regiert zu werden kann große Nachteile haben. Wenn ein Alleinherrscher einen Staat in Schwierigkeiten bringt, kann keiner eingreifen und etwas ändern."

 „Weil einer allein über alle herrscht!"

 „Genau! Der Alleinherrscher hat die Macht und kann zum Beispiel jeden bestrafen, wann und wie er will – auch wenn es nicht gerecht ist."

 „Gemein! So etwas kann bei uns nicht passieren! Ich darf nur so lange Vorsitzende sein, wie ich gut für die Rabenschar sorge. Sonst können sie mich abwählen!"

 Jago grinst: „Schau an! Ihr Raben seid ja richtige Demokraten! In einer Demokratie liegt die Macht beim Volk."

 Alma springt aufgeregt von ihrem Ast: „Moment mal – beim ganzen Volk? Alle Menschen können immer über alles entscheiden? Bei uns Raben käme da ein unglaubliches Gekreische heraus!"

 Jago lässt sich nicht aus der Ruhe bringen: „Menschen sind ja keine Raben. Außerdem wählen die Menschen – wie ihr Raben auch – Vertreter. Diese Vertreter, die Politiker, entscheiden über viele Dinge. Weil das Volk bestimmt, wer regiert, liegt die Macht bei den Menschen."

 Alma ist ganz aufgeregt: „Aber was passiert, wenn sich die Politiker in einer Sache nicht einigen können?"

Jago nickt bedächtig: „Ja, Alma, das kommt natürlich vor. Dann diskutieren die Politiker über die Vor- und Nachteile dieser Sache. Die Diskussion ist öffentlich, damit sich auch alle Menschen ein Bild von den möglichen Ergebnissen machen können."

 Alma ruft dazwischen: „Das kann ja ewig dauern! Wann ist die Diskussion denn vorbei?"

 Jago erklärt: „Um eine Entscheidung zu treffen, stimmen die Politiker am Ende ab. Die Mehrheit bestimmt das Ergebnis. Und die getroffene Entscheidung ist für alle Menschen gültig."

 Alma schaut erstaunt: „Auch für diejenigen, die eine andere Meinung hatten?"

 Jago nickt: „Ja, die Entscheidung muss auch von denjenigen akzeptiert werden, die eigentlich eine andere Meinung haben. Diese sogenannte Minderheit darf aber trotzdem weiter ihre eigene Meinung zu der Sache haben."

 Alma ist nachdenklich: „Dann zählt in einer Demokratie jeder einzelne Mensch sehr!"

 Jago stimmt ihr zu: „Und jeder sollte stolz darauf sein, dass er mitreden und mitbestimmen darf – und davon auch tüchtig Gebrauch machen!"

 Alma schlägt einmal mit den Flügeln: „Das gefällt mir, Jago. Demokratie ist für alle da, aber jeder Einzelne muss etwas dafür tun. Nur wenn alle mitmachen, klappt das Zusammenleben!"

Glossar
Hier werden einige wichtige Begriffe erklärt.

Asyl
Wenn jemand in seinem Heimatland auf Grund seiner Religion oder seiner politischen Überzeugung verfolgt wird, kann er in ein anderes Land fliehen und dort Asyl beantragen. Das heißt, er bittet darum, von diesem Staat aufgenommen zu werden, da er dort ohne Verfolgung leben kann. Das Wort Asyl bedeutet so viel wie „Unterkunft" oder „Zufluchtsstätte".

Bundesrepublik Deutschland
Das ist der offizielle und vollständige Name von Deutschland. Deutschland ist ein Bund aus 16 verschiedenen Staaten (den Bundesländern). Deutschland selbst ist aber wiederum auch ein Staat, und zwar eine Republik, also ein Staat ohne Kaiser oder König.

Bürger
s. Staatsangehörigkeit

Demokratie
Demokratie bedeutet „Herrschaft des Volkes". Damit wird eine bestimmte Form der Organisation des Staates, aber auch des Zusammenlebens der Menschen beschrieben. In einer Demokratie bestimmen die Bürger durch Wahlen ihre Vertreter, die Politiker. Diese sind immer nur für eine bestimmte, vorher festgelegte Zeit gewählt. In dieser Zeit treffen die Politiker Entscheidungen, die für alle Menschen im jeweiligen Staat gelten. Dabei ist wichtig: Alles, was der Staat tut, muss nach den Regeln der Verfassung und den geltenden Gesetzen geschehen.

Einbürgerung
s. Staatsangehörigkeit

Enteignung
Der Staat kann einer Person einen Teil ihres Eigentums, zum Beispiel ein Grundstück, auf Grund eines Gesetzes entziehen, wenn dies dem Allgemeinwohl dient. Das bedeutet, dass das, was der Staat mit dem Grundstück machen möchte, für sehr viele Menschen eine Verbesserung bringt. Allerdings bekommt die Person, die das Grundstück abgeben muss, dafür eine Entschädigung. Sie kann z. B. dem Staat ihr Grundstück verkaufen und bekommt dafür Geld oder sie bekommt ein neues Grundstück an einem anderen Ort.

Erziehungsberechtigte
Als Erziehungsberechtigte werden die Erwachsenen bezeichnet, die für ein Kind die Verantwortung haben. Normalerweise sind die Eltern bis zum 18. Lebensjahr ihres Kindes dessen Erziehungsberechtigte. Damit übernehmen sie alle Aufgaben, die jemand, der noch nicht 18 Jahre alt ist, nicht selber erfüllen kann oder darf.

Freizügigkeit
Freizügigkeit bedeutet, dass alle Bürger in Deutschland ihren Wohn- und Aufenthaltsort frei bestimmen können.

Gesetz
In einem Staat regeln Gesetze das Zusammenleben der Menschen untereinander sowie die Beziehung der Menschen zum Staat. Die Politiker überlegen sich, welche Gesetze notwendig sind, um die wichtigsten Dinge für die Menschen zu regeln. Gesetze können auch geändert werden, wenn der Inhalt eines Gesetzes nicht mehr in die heutige Zeit passt. Jeder Staat erlässt seine eigenen Gesetze. Allerdings gibt es einige Regelungen, die in vielen Ländern gelten. Dazu gehören insbesondere die Menschenrechte (s. Grundrechte).

Grundgesetz

Das Grundgesetz ist die Verfassung der Bundesrepublik Deutschland. Im Grundgesetz, das es seit 1949 gibt, sind die wichtigsten Regeln im Verhältnis zwischen den Menschen und dem Staat aufgeführt. Die Grundrechte in den Artikeln 1 bis 19 sind ein bedeutender Teil des Grundgesetzes. Außerdem steht im Grundgesetz, wie der deutsche Staat organisiert ist. In Deutschland darf kein Gesetz dem Grundgesetz widersprechen.

Grundrechte

Das Grundgesetz garantiert allen Menschen in Deutschland grundlegende Rechte. Diese werden als Grundrechte bezeichnet und stehen im ersten Teil des Grundgesetzes in den Artikeln 1 bis 19. In dieser Grundrechtefibel kannst du die Grundrechte und ihre Bedeutungen nachlesen.

Die Grundrechte werden in Menschenrechte (Artikel 1, 2, 3, 4, 5, 6, 10, 13, 14, 17) und Bürgerrechte (Artikel 8, 9, 11, 12, 16) unterteilt. Als Menschenrechte werden die Rechte bezeichnet, die für alle Menschen gelten, gleichgültig in welchem Land der Erde sie leben oder welche Staatsangehörigkeit sie haben. Viele Staaten haben, wie auch Deutschland, diese Rechte in ihre Verfassung aufgenommen. Die Menschenrechte stehen im Grundgesetz ganz am Anfang und sie gelten nicht nur für deutsche Staatsangehörige, sondern für alle Menschen, die sich in Deutschland aufhalten. Bürgerrechte sind hingegen die Rechte, die in Deutschland nur für deutsche Bürger gelten. Für Menschen, die nicht die deutsche Staatsangehörigkeit besitzen, gelten hier oft andere Regelungen oder besondere Bestimmungen.

Medien

Medien sind Geräte oder bestimmte Verfahren, mit denen Informationen verbreitet werden. Dazu gehören zum Beispiel Zeitungen, Radiosender, Fernsehprogramme, Bücher oder das Internet.

Medien helfen einem, sich zu informieren oder sich mit anderen auszutauschen. Um unterschiedliche Meinungen zu einem Thema kennenzulernen, ist es gut, wenn man viele verschiedene Medien nutzt.

Öffentliche Schulen
s. Schulwesen

Privatschulen
s. Schulwesen

Religion
Religion bedeutet so viel wie „Gottesverehrung" oder „Gottesfurcht". Menschen, die sich zu einer Religion bekennen, glauben daran, dass es Gott oder eine höhere Macht gibt, die über den Menschen steht. Gott oder diese höhere Macht bietet den Menschen die Möglichkeit, sich an bestimmten Geboten, die jede Religion für sich bestimmt, zu orientieren und so ihr Leben zu gestalten. Zu den größten Religionen gehören das Christentum, der Islam, das Judentum, der Buddhismus und der Hinduismus. Es gibt aber noch viele andere Religionen.

Schulwesen
Zum Schulwesen gehört alles, was mit der Schule zu tun hat und vom Staat geregelt wird. So kann der Staat z. B. bestimmen, was in den Schulen gelehrt wird und wer in den Schulen unterrichtet. Das Schulwesen umfasst die Grundschule genauso wie die weiterführenden Schulen. Öffentliche Schulen, also Schulen, die komplett vom Staat geleitet und finanziert werden, fallen ebenso unter das Schulwesen wie Privatschulen, die von anderen Trägern, z. B. den Kirchen, organisiert werden.

Staat

Ein Staat ist eine bewusst organisierte Gemeinschaft von Menschen (Staatsvolk), die in einem bestimmten, abgegrenzten Gebiet leben. Häufig werden die Begriffe Land und Staat mit der gleichen Bedeutung verwendet. Jeder Staat hat eine bestimmte Herrschaftsform. In Deutschland, wie auch in vielen anderen Ländern, ist das eine Demokratie. Der Staat, und in seinem Auftrag insbesondere die Polizei und die Gerichte, hat bestimmte Möglichkeiten, dafür zu sorgen, dass die Gesetze eingehalten werden. Dies nennt man Staatsgewalt. Wenn wir in der Grundrechtefibel vom Staat sprechen, ist damit in der Regel die Staatsgewalt gemeint.

Staatsangehörigkeit/Staatsangehörige

Jemand, der einem Staat angehört, hat dort bestimmte Rechte und Pflichten. Jeder Mensch ist mit seiner Geburt Angehöriger eines Staates. Welchem Staat man angehört, hängt davon ab, welche Staatsangehörigkeit die Eltern haben oder in welchem Staat man geboren wurde. Dies ist in den Staaten unterschiedlich geregelt. Wenn man bestimmte Voraussetzungen erfüllt, kann man auch die Staatsangehörigkeit eines anderen Landes annehmen. Das nennt man Einbürgerung. Wer die Staatsangehörigkeit eines Staates besitzt, ist Bürger dieses Landes.

Verfassung

In seiner Verfassung legt ein Staat fest, nach welchen Regeln die Beziehung der Menschen zum Staat funktionieren soll. Außerdem steht in einer Verfassung, wie der Staat organisiert ist, z. B. als Demokratie. Das Grundgesetz ist die Verfassung der Bundesrepublik Deutschland.

Weltanschauung

Unter einer Weltanschauung werden die persönlichen Vorstellungen und Sichtweisen von der Welt und der Rolle der Menschen in ihr verstanden. Diese Vorstellungen können auf Erfahrungen, Wissen oder Gefühle zurückgehen. Eine Religion kann Grundlage einer Weltanschauung sein; ebenso ist es auch möglich, Weltanschauung und Religion voneinander zu trennen.

Zensur

Wenn ein Staat Zensur ausübt, heißt das, dass eine Information nicht verbreitet werden darf. Die Medien, d. h. Zeitungen, Radio, Fernsehen oder das Internet, dürfen über eine Sache nichts berichten. Manchmal werden auch ganze Bücher, Filme oder Theaterstücke zensiert. Damit will der Staat, der die Zensur ausübt, die Meinung der Menschen in eine bestimmte Richtung beeinflussen. In Deutschland ist in Artikel 5 des Grundgesetzes geregelt, dass es keine Zensur geben darf.

Noch mehr Informationen zu allen Begriffen – und zu vielen weiteren – findest du im Internet auf der Seite *www.hanisauland.de* oder in dem Buch „Das junge Politik-Lexikon" der Bundeszentrale für politische Bildung.